入試突破!!
推薦・AO入試対策
出願書類・小論文・面接
ハンドブックQ&A

@will 小論文講師
大野 茂 著

開拓社

はじめに

　本書を手に取った皆さんにはそれぞれ夢があると思います。皆さんの夢を実現するために，大学で学ぶということはわかっていると思います。つまり，大学入試合格はそれ自身が目的ではなく，夢の実現のための第一関門なのです。

　皆さんにとって，幸いなことに，志望大学に入学する方法としては，学科試験がメインの一般入試だけではなく，推薦入試，AO入試，社会人入試，編入学など複数のチャンスがあります。これらの試験は，将来の夢，つまり大学に入学し勉強することの意欲や目的意識が重視されます。そこで，書類選考や小論文，面接を課すことで皆さんの学科以外の能力が問われることになります。

　本書は，皆さんの夢の実現を応援したく作成しました。せっかく与えていただいたチャンスなのです。これを活かさない手はありません。しかし，出願書類で自分をアピールするにはどうすればよいのか，小論文はどうしたら良いのか，面接で何を答えたらよいのか，など皆さんは不安だと思います。たしかに，これらには画一的な正解は存在しません。なぜなら，皆さんは，一人一人状況が違いますし，考えていることもまた違うからです。だからといって，対策も立てず，これらの試験に臨んでも良い結果は得られません。出願書類の書き方，小論文の考え方，書き方，面接でのアピールの仕方について皆さんに伝授し，合格するためのヒントとして欲しいのです。ですから，本書を熟読したうえで，志望理由書など出願書類の作成にあたってください。そして，小論文や面接対策を行ってください。一緒に頑張りましょう。

　2008年7月

大　野　　茂

本書の使い方

　本書は，第1章出願書類，第2章小論文，第3章面接の3章で構成されている。全ての章について学習しても良いし，試験で必要な章だけについて学習しても良い。「はじめに」でも述べたが，学科試験のような正解がある科目ではないので，本書を学習しながら，常に自分で考え，自分の言葉で書く，述べるという事を忘れないこと。なお，希望者は添削指導を受けることができるので，要領に従い応募してください。

目　次

はじめに
本書の使い方

第1章　出願書類

- **Q1**　推薦（AO）を考えているのですが …………………………………… 8
- **Q2**　「志望理由書」はどうすればよいですか ………………………………… 10
- **Q3**　学部の志望理由はどうすればよいでしょうか …………………………… 11
- **Q4**　大学の志望理由はどうすればよいか ……………………………………… 14
- **Q5**　実際に志望理由書を書くにはどうすればよいですか …………………… 16
- **Q6**　自己アピールを書くにはどうすればよいですか ………………………… 20
- **Q7**　エッセイなど自由記述をどのように書けばよいのか …………………… 26
- **Q8**　他に注意することがありますか …………………………………………… 27

第2章　小論文

- **Q1**　小論文と作文はどう違うのですか ………………………………………… 30
- **Q2**　小論文の問題をどのように考えるのですか ……………………………… 31
- **Q3**　時間内に書くにはどうすればよいでしょうか …………………………… 38
- **Q4**　小論文では，他にどのようなことに注意すればよいのですか ………… 42
- **Q5**　文章読解型問題の答案作成はどうすればよいでしょうか ……………… 44
- **Q6**　テーマ型問題の答案作成はどうすればよいでしょうか ………………… 54
- **Q7**　図表問題はどのように考えればよいでしょうか ………………………… 60

第3章　面接

- **Q1**　面接試験とはどのような試験ですか ……………………………………… 64
- **Q2**　面接試験ではどのようなことが質問されますか ………………………… 66
- **Q3**　面接試験の答えを考えるにはどうすればよいでしょうか ……………… 75
- **Q4**　面接試験で試験官を納得させるにはどうしたらよいでしょうか ……… 86
- **Q5**　圧迫面接が行われると聞きましたが ……………………………………… 88
- **Q6**　面接が集団討論になったらどうしたらよいでしょうか ………………… 90
- **Q7**　他に面接試験で注意することはありますか ……………………………… 92

おわりに

第1章

出願書類

Q1 推薦（AO）を考えているのですが

目の前の試験に全力を

　本書を手にしているみなさんは，AO 入試か推薦入試のどちらか（両方というラッキーな受験生もいるかも）を考えているでしょう。みなさんは早く受験をすませたいと考えているのでは。私も受験生を指導してきて，何年も浪人する受験生，一般入試の受験に失敗して，進路変更を余儀なくされた受験生を見てきました。みなさんが入学したい大学が与えてくれたチャンスなのです。これを生かさない手はありません。一般入試はあるのですが，せっかく与えていただいたチャンスに全力投球しましょう。一般入試よりも合格しやすいといっても過言ではないのですから。

情報を集めよう

　まず，みなさんにやってもらいたいことは，情報を集めることです。出願時期に近づくと受験生からよく質問されるのは「推薦，AO 入試で合格するのはどうしたらよいのですか」ということです。まず最初にみなさんがやらなければならないことは，「情報を集めることですよ」と答えます。それもできるだけ早く情報を収集することです。推薦・AO 入試は，大げさな言い方かもしれませんが，情報戦なのです。「早く，正確に，多くの情報を集めること」こそ合格の秘訣なのです。もし，出願時期が近い人は，早急に動かなければなりません。

　情報を集める手段としては，入試説明会に出かける（最近は相談会が開かれることが多い。），キャンパスに実際に出かけて見学する，といったことが理想です。実際，志望理由として，「入試説明会に出かけ～」と言うことができます。しかし，場所が遠い，時間がない，説明会や相談会がない，など様々な理由で試験当日まで大学に行くことができないという人もいるかもしれません。

　そのような場合，大学紹介のパンフレットや資料（最近はビデオや DVD などを配布していることも多い）を入手する。大学のホームページを閲覧する。また，在学生がいればその人から話を聞く，という方法があります。在学生，みなさんからすれば先輩になるわけですが，知人にそのような人がいなければ，先生に紹介してもらう，先生から話を聞いてもらうという方法もあります。

高校の先生と話し合おう

　推薦でも AO でも一般入試と異なり，みなさんの人間性が問われることが多いのです。しかし，自分の人間性を自己評価することほど難しいことはないでしょう。だから，みなさんについて客観的に評価してくれる人とよく話し合った方が良いでしょう。家族，友人，先輩などみなさんについてよく知っている人は多いかもしれません。しかし，調査書や大学によっては推薦書が必要な大学もありますので，まず最初に先生（担任の先生か進路指導の先生が望ましい）と出願については話し合ってください。

　私も予備校で出願について相談されることが多いのですが，やはり「学校の先生とまず話し合って」とアドバイスしています。

Q2 「志望理由書」はどうすればよいですか

　第1章の面接でも，志望理由が問われることは極めて多いといえます。事前に提出する志望理由書と面接の志望理由は基本的に同じでなければなりません。受験生を指導していて，事前提出した志望理由書を持ってきて，「こんなこと書いちゃったのですが，今考えていることと違います」という人がいます。残念ですが，志望理由の変更はできません。もし，面接で志望理由書と異なる内容を述べれば，言葉は悪いのですが「嘘をついている」と思われる可能性があります。このような矛盾は，推薦・AO入試では致命的なのです。だから，志望理由書は，後々の面接とも関連して完璧に仕上げなければなりません。また，第2章の小論文でも関連しますが，志望理由は小論文のテーマ型問題では頻出なのです。

　ここで，志望理由について，二つに分ける必要があります。一つは，大学の志望理由，もう一つは学部の志望理由です。いずれにしてもここで大事なことは，大学に，学部にみなさんが合わせるのではなく，自分がやりたいこと，学びたいことが志望する大学に，学部にあるか，ということです。

　受験生を長年指導してきて，大学生や，大学を卒業した人が進路変更することがあります。もちろん，様々な理由があるかと思いますが，今やっていることがつまらない，今まで学んできたことが役に立たない，など消極的な進路変更ほどつまらないものはありません。人生は有限なのです。有名大学の名前で，資格が取れて楽ができそう，だからという消極的な志望理由では，進学後，そして卒業後みなさんの満足度が高いとは思えません。

　過去に，東大の理系に十分合格できる学力があるのに海洋学を学びたいということで地方の国立大学に進学した受験生や有名国立大学医学部に十分合格できる学力があるのに，医師ではなく看護師になりたいということで看護学部に進学した受験生がいました。彼らが進学後，目を輝かせて楽しい大学生活を語ってくれた姿を今でも覚えています。

　少々脱線しましたが，みなさんは，受験する大学が大学名や人気学部だからというのではなく，自分で将来あることをしたくて，それを学べる大学，学部だということを再確認して欲しいのです。そうでなければ合格できる志望理由書の作成は困難ですし，面接でうまく言うことはできませんし，小論文でも合格答案を作成することはできないでしょう。Q3以降で具体的な課題について考えますが，もう一度自分自身に問うてください。

Q3 学部の志望理由はどうすればよいでしょうか

合格者の例から

　読者のみなさんは様々な学部を志望しているでしょう。合格者の志望理由としては次のようなものがありました。概略を示しますが，実際には志望理由書は非常に具体的に書かれていました。また，面接でも具体的に述べていました。

文学部国文学科

古典，特に平安文学を高校で学び，素晴らしい洞察力，文章のすばらしさに感銘を受けた。平安文学だけではなく，日本の古典を広く深く学習したい。

文学部英文科

シェイクスピアのリア王を高校の授業で読んだ。小学生の頃から英語を学び，単なるコミュニケーションの手段として英語を考えていたが，リア王を読んで，英文学の奥深さを知り，さらに様々な英文学に接したいと思いました。

文学部心理学科

私は，中学時代人間関係に悩みました。この時，他人と仲良くするにはどうしたらよいのだろうか，と考えていました。高校に入学して様々な本を通じて人は，なぜ他人に攻撃的になったり，他人に優しくしたり，集団になったら豹変するのか，など様々な問題について様々な考えがあることを知りました。人間は多様な存在ですが，その人間のこころの動きに興味を持ち志望しました。

　この三つの例は，何らかの書物を読んでということですが，その読んだ書物の内容，何に感銘を受けたか，など具体的に述べなければなりません。当然，面接でもきかれます。

医 学 部

私は，幼少の頃からアトピー性皮膚炎でつらい思いをしました。この病気は根本的な治療法がありません。私のようにアトピー性皮膚炎に苦しむ患者を助けたいと考えたことが医師になろうとした契機です。

スポーツ科学部(体育学部)

自分は中学校から剣道を始め，全国大会で準優勝しました。剣道をさらに極めたいことと，将来剣道の指導者として子ども達に剣道を教えたいと思い志望しました。

教 育 学 部

小学校時代，子どものことを一生懸命考え，子どもと向かい合ってくれた担任の先生が忘れられません。小学生の頃から担任の先生のような教師になりたいと考えていました。いざ進路を決めるに当たり，小学生時代というのは，人格形成で最も重要な時期で，私も微力ながら子どもたちに影響を与えることができればと思い志望しました。

　この三つの例は，自分が実際に体験したことから，自分の進路を考え志望したというものです。医療系では，入院体験やケガの経験，教育系では先生の影響がその代表例ですが，これも具体的に第三者(試験官)の先生がわかるように説明しなければなりません。

不合格者の例から

医　学　部

他人に奉仕できる仕事を考えたとき，一番他人に奉仕できるのが医師である。また，医師は患者と向かい合うので，私は人間に興味があり，このことも医学部を志望した理由です。

獣 医 学 部

小さい頃から動物が好きで，長年飼っていた犬が死んでしまいました。この時，自分は獣医師になって動物を助けたいと思い志望しました。

理学部数学科

高校時代数学が得意科目で，大学に入学して数学を学びたいと思いました。数学は他の教科と異なり，覚えるのではなく考える科目です。この答えのない数学を極めたいと思いました。

　この三つの例は，非常に多い志望理由なのです。医学部や獣医学部の先生が「ま

たか」と思わせるほど受験生が志望理由書に書き，また面接で述べるそうです。では，何がいけないのでしょうか。

　医学部の場合，他人に奉仕する仕事は医師以外でもあるはずですし，人間に興味があるならば心理学や教育学を学んだ方がよいのでは？と思われます。また，獣医学部でも，動物が好き⇒獣医師というのではあまりに短絡的です。犬や猫といったペットの診療にあたる獣医師の方からきいたことがあるのですが，「単に動物が好きというのでは獣医師はつとまらない」そうです。つまり，飼い主とのコミュニケーションや医学的な知識や技術が要求されるということでした。

　医学部のようにとってつけたような理由，獣医学部のように短絡的な理由では，特に高倍率の学部の場合，試験官を納得させることはできません。やはり，実体験した，見聞したことから具体的に自分の考えを述べなければなりません。

　理学部数学科の例ですが，数学が好きだというのも前述の獣医師のように短絡的です。また，数学では多くの問題が解決済みだとされ，もし未解決の問題で興味があるならば，それが何かを述べなければなりません。

　みなさんは，過去に何か体験した，学習した，現在それがどうなのか，では将来それをどのように生かしたいのか，を具体的に述べて欲しいのです。多くのみなさんは，志望理由が難しいと思います。また，面接対策の上でも考えを整理する必要がありますので，第3章面接 Q_3（75ページ）で整理しましょう。

　なお，これは当たり前のことで言う必要もないかと思いましたが念のため。自分で決めた，ということがわかるようにしてください。「先生に勧められて」，「他人（親，兄弟など）に勧められて」，「何となく」という消極的な理由はいけません。

Q4 大学の志望理由はどうすればよいか

　Q3で学部の志望理由ができれば，この課題は容易です。自分が学びたい学部がこの大学にあったから，学びたい先生がいるから，など具体的に述べていけばよいでしょう。
　Q2とも関連することですが，自分の志望理由は一つに絞った方がよいでしょう。例えば，次のような場合です。

　　自分が生まれ育った近くに河川がある。

　　幼少の頃は非常に汚れていた。

　　行政，地域住民の努力で河川が浄化した。

　　私自身，河川浄化のボランティア活動に参加した。

　　この活動を通じて環境に興味を持ち，地域環境や文系的な環境政策だけではなく，実際的な環境対策を学び，地球環境テクノロジー分野も学びたいと考えた。

　　貴学（志望大学を丁寧に言う場合「貴学」という）では，文系，理系の双方から環境を広く学ぶことができるので，志望した。

　これを具体的に書けば，400〜800字は楽に書くことができます。
　先生方は，「志望する学部は多くの大学にあるが，なぜ自分たちの大学を志望したのだろう」ということを知りたいのです。ですから，学部の志望動機に関連して，大学を選んだ理由を書くことは必須だと言えるでしょう。
　ですから，伝統がある，多くの先輩がいるから社会に出てからも心強い，著名な先生が多数いる，というのは書いても書かなくてもよいことなのです。また，**Q3**にも書きましたが，誰かに勧められて，社会的な評価が高いというような消極的な理由も書いても書かなくてもよいことです。もし，書きたいならば必ず根拠を書くこと。例えば，弁護士になりたいならば法科大学院があり，法曹界で活躍している多くの先輩がいる。また，学内には○○会のような同窓会があり，卒業生の結びつきが強い。実際，自分が弁護士になった時，多くの先輩方がいることは非常に心強い。
　自分は日本古代史を学びたいが，○○先生の本を読み〜という点で感銘を受け

た。是非，○○先生をはじめ（○○先生だけ書くと失礼なので）先生方のご指導を受けたい。

　何度も言いますが，具体的に（つまり，誰が読んでもわかりやすいかどうか）文章は書くようにしましょう。これができれば面接対策も楽になるのですから。

　なお，偏差値が高い，自分の評定平均ではここしかなかった，ともかく大学に入学したい，ということは書かないようにしてください。もし，みなさんが先生なら愉快な気持ちはしないでしょう。

Q5 実際に志望理由書を書くにはどうすればよいですか

「本学の志望理由」、「〇〇学部の志望理由」の両方の提出を求められた場合、まず学部の志望理由から考えてください。また、大学の志望理由だけを求められた場合、まず学部の志望理由を考えた上で取り組んでください。

まず、メモをつくりましょう。

契機（過去のきっかけ）
(例)自分の体験、本を読んだ、テレビや映画を見た、見聞した

> **アドバイス**　一つに絞ること。先生が読んで理解できるように説明を加えること。

過去の契機から学んだこと、今後の希望
(例)経験して何かをしたい、本を読んで何かを学びたい

> **アドバイス**　一つに絞ること。具体的ですか？将来何がしたいのかもわかるように。

では、これを基に文章にします。書き出しと最後は次のようにしたらよいでしょう。

書き出し：私は，（　　　　　　　　　）ということが契機になり，（　　　　　　　　）を学びたく，貴学部を志望させていただきました。

最後：という理由で〇〇学部を志望しました。自分の夢が実現できるように貴学入学後も一生懸命努力する覚悟です。何とぞよろしくお願いいたします。

　志望理由書を「です」，「ます」で書くのか，「である」で書くのか，よく質問を受けますが，どちらでも構いません。しかし，「です」，「ます」と「である」の混合は，先生が読みにくいので避けてください。ただし，小論文は「である」で書いてください。

作成例を示します。（看護学部）

契機（過去のきっかけ）

> 　中学校時代，バスケットボール部に所属していた。
> 　中学校2年生の時，練習でアキレス腱を断裂させてしまい，入院を余儀なくされた。初めての入院生活で不安だった。また，バスケットボールだけではなく大好きな運動ができなくなる，歩けなくなるのではないか，と不安であった。しかし，入院中私の話を一生懸命聞いてくれて，ナースコールを鳴らしても嫌な顔一つすることがなかった看護師さんのおかげで，不安な気持ちがなくなった。この入院経験が私が看護師を目指すことになった契機である。

過去の契機から学んだこと，今後の希望

> 　私も入院した時にお世話になった看護師さんのように患者さんの話をよく聞いて，患者さんの不安な気持ちに共感できるような看護師になりたい。できるだけ患者さんの側にいて，患者さんの不安な気持ちを取り除いていきたい。また，看護師には，そのような患者さんを思う気持ちと共に，正確な技術や知識が要求される。信頼される看護師になるために自分の人間性を磨くとともに生涯努力を欠かすことはできないと考えている。

文章にすると次のようになると思います。

> 私は，自分の入院経験が契機になり，看護学を学びたく，貴学部を志望させていただきました。私は，中学校時代，バスケットボール部に所属していました。中学校2年生の時，放課後の練習でアキレス腱を断裂させてしまい，入院生活を余儀なくされました。初めての入院生活で不安でした。また，バスケットボールだけではなく大好きな運動ができなくなる，下手をすれば歩けなくなるのではないか，と不安な気持ちに駆られました。しかし，入院中私の話を一生懸命聞いてくれて，ナースコールを鳴らしても嫌な顔一つすることがなかった看護師さんのおかげで，不安な気持ちがなくなり，安心して療養生活を送ることができました。この入院経験が私が看護師を目指すことになった契機です。私も入院した時にお世話になった看護師さんのように患者さんの話をよく聞いて，患者さんの不安な気持ちに共感できるような看護師になりたい。できるだけ患者さんの側にいて，患者さんの不安な気持ちを取り除いていきたいと思います。また，看護師には，そのような患者さんを思う気持ちと共に，正確な技術や知識が要求されます。信頼される看護師になるために自分の人間性を磨くとともに生涯努力を欠かすことはできないと考えています。自分の夢が実現できるように貴学入学後も一生懸命努力する覚悟です。何とぞよろしくお願いいたします。

　これで，文章の内容としては十分なのですが，何か違和感を感じませんか。これならばどうでしょうか。

私は，自分の入院経験が契機になり，看護学を学びたく，貴学部を志望させていただきました。私は，中学校時代，バスケットボール部に所属していました。中学校2年生の時，放課後の練習でアキレス腱を断裂させてしまい，入院生活を余儀なくされました。初めての入院生活で不安でした。また，バスケットボールだけではなく大好きな運動ができなくなる，下手をすれば歩けなくなるのではないか，と不安な気持ちに駆られました。

　しかし，入院中私の話を一生懸命聞いてくれて，ナースコールを鳴らしても嫌な顔一つすることがなかった看護師さんのおかげで，不安な気持ちがなくなり，安心して療養生活を送ることができました。この入院経験が私が看護師を目指すことになった契機です。

　私も入院した時にお世話になった看護師さんのように患者さんの話をよく聞いて，患者さんの不安な気持ちに共感できるような看護師になりたい。できるだけ患者さんの側にいて，患者さんの不安な気持ちを取り除いていきたいと思います。また，看護師には，そのような患者さんを思う気持ちと共に，正確な技術や知識が要求されます。

　信頼される看護師になるために自分の人間性を磨くとともに生涯努力を欠かすことはできないと考えています。自分の夢が実現できるように貴学入学後も一生懸命努力する覚悟です。何とぞよろしくお願いいたします。

　第2章の小論文でも説明しますが，200字程度で段落わけをすると読みやすい文章になります。ただし，機械的に字数で分けるのではなく，内容で分けるようにしてください。

Q6 自己アピールを書くにはどうすればよいですか

　自己アピールや自己評価を書かせる大学も多くあります。3章でも説明しますが，面接でも「1分以内に自己アピールをしてください」，「自分の長所と短所を述べてください」という質問が多くされます。

　しかし，自己アピールほど難しいものはないのでは？多くの人は，あれもこれも述べた方が有利なのでは？と考えるかもしれません。しかし，この課題に限らずみなさんも様々なことを言われたらどうでしょうか？「こいつ，何を言いたいのかわからない」ということになりますね。

　受験に限らず映画でも，小説でも，落語でも何かを表現するには，主張（テーマ）があるはずです。主張できることは，一つだけです。特に，受験のように限られた字数で何かを書く場合，テーマを絞らなければ，何を述べているのか，わかりませんね。

　自分について主張することになりますが，まず考えて欲しいことが，自分の長所と短所です。長所は，自分のよい点ですが，短所を試験で述べると不利になるのではないか，と考えてしまいます。しかし，大学側が期待しているのは，受験生の人物像を知りたいと同時に，物事を客観視できる能力があるかどうかをみたいわけです。ですから，長所も短所も正直に述べるべきです。

　とはいうものの，難しいですよね。他人から「〜君は〜という人だね」，「〜さんは〜が長所だね」というような評価をされることはあまりないと思います。親から言われると「うるさいな」と思うかもしれません。まず，短所よりも長所の方が考えやすいと思いますので，これから考えてみましょう。

　長所に限らず，何かを考えるとき，小論文や面接で答えを考えるときも同様ですが，まず身近なことから考える，具体的に他人にわかってもらうように考えることが重要です。例えば，次のようなことが考えられます。

- 高校時代，部活動の部長をした⇒リーダーシップがある
- 中学，高校時代を通じてボランティア活動をした⇒世話好きである
- 友人同士が喧嘩していたとき，仲裁に入り，仲直りさせた⇒冷静に物事を判断できる
- 小学校の時，ピアノをやり，中学校ではテニスをやり，高校では合唱をやった。全て全国大会に出場した⇒様々なことに興味をもつ，好奇心が強い
- 幼少から剣道をやってきた⇒粘り強く，一つのことに取り組む

このように今まで何か，自分がしてきたことから，一つ長所を見つけて述べればよいでしょう。ここで気をつけなければならないことは，受験に有利なことを書く（面接では言う）ことだけを考えると，面接試験でひどいめにあうということです。以前，医学部を受験した高校生で，長所と短所を面接で質問されました。この時，医師には協調性が必要だからと，長所として「協調性がある」ことを述べました。しかし，この生徒は高校時代，勉強中心の生活をしていたため，部活動も生徒会活動も，もちろんボランティア活動もしたことがありませんでした。面接官から「どのような点で協調性があると思いますか」と質問され，「他人とうまくやっていく」と抽象的な答えをして，「でも，高校時代友人と何かをしたことがありますか」と質問されると，答えることができなかったそうです。受験に有利だから長所を答えるということは，非常にリスクが高いことです。そうではなくて，志望理由書を見て，面接試験で質問されても上手に答えることができるように，ありのままの自分をアピールするべきなのです。

　ただし，ここで一つ気をつけなければならないことがあります。よく，自己アピールでは，趣味や特技を言うべき，だと言われます。そのこと自体誤りではないのですが，大学の先生方が異口同音に言うことが「どうでも良いことを言う人が多い」と言うことです。

　趣味ならば，それを通じて自分で何を得たのか，なぜそれをするのか，など他人が読んでも理解できる内容でなければなりません。もちろん，趣味は息抜きや娯楽に近いことが多いと思いますが，それでは自己アピールにはなりませんね。

　特技はどうでしょうか。英会話が特技だといっても英検3級（中学校卒業程度）で特技と言えるのでしょうか。また，武道を特技としても有段者でなければ，特技と言うことはできないでしょう。

　特技というならば，学力に関係のあること（英語，数学）ならば，最低限高校卒業程度（できれば大学2年生修了程度），スポーツならば都道府県大会入賞以上，有段者，音楽ならば全国規模のコンクールで入賞レベルでなければ，特技と言うことはできないでしょう。つまり「高校生なのにすごいな」と先生に思わせなければ，特技と言うことはできません。ちなみに，スポーツや芸術系大学を中心に出願資格として，大会の入賞などの制限を設けている大学が多いようです。もう一度，出願資格を確認してください。

　さて，次に短所なのですが，実はこれについては，それほど難しくはありません。なぜなら，長所の反対が短所だからです。例えば，このように考えてください。

- 長所⇔短所
- 世話好き⇔おせっかい
- 冷静に物事を判断できる⇔他人から冷たいといわれるところがある

- リーダーシップがある⇔出しゃばりといわれるところがある
- 様々なことに興味をもつ⇔様々なことに興味を持ち，落ち着きがないところがある
- 粘り強く，一つのことに取り組む⇔一つのことにこだわりすぎる傾向がある，頑固である
- 協調性がある⇔自分の意見をはっきり言わず，優柔不断なところがある。

　前に述べましたように，短所とは自分の欠点なので，短所を言うこと自体不利になるのでは？と思うかもしれません。しかし，自分を客観的に評価できるかどうかが，ポイントなのです。

　ただし，短所を言い放しにするのではなく，「～が短所なので，自分は～しないように気をつけている」というようなフォローを忘れずに記入してください。また，最後に字数に余裕があれば，入学や入学後の決意などアピールを書くとよいでしょう。

　第3章の小論文でも学習しますが，文章を書くとき，いきなり書くのではなく，まずメモを作成し，それに従い，作成してください。

　それでは，メモを作成してみましょう。

- 長所⇔短所をまず決めます。
- 具体例をそれぞれ決めます。
- まとめを考えます(決意など)

この3点は書くようにしてください。

長所

具体例

短所

```
```

具体例

```
```

改善点

```
```

決意など

```
```

工学部建築学科志望の受験生の例ですが，メモと作成例を示します。参考にしてください。

長所

> 根気強さと協調性

具体例

> 幼少の頃にサッカーをはじめた。中学校，高校でもサッカー部に所属した。練習は基本を確実にした上でのチームプレイが中心なので，根気強さと協調性が要求される。サッカーを通じて，一つ一つのプレイでもミスをしないようにするために努力をしてきた。それを通じて根気強さを獲得した。また，チームメイトと仲良くしてきた。

短所

> 他人に気を遣いすぎる嫌いがある。

具体例

> 中学時代チームメイトに気を遣いすぎて，積極的に自分の意見を言わないところがあった。中学時代，サッカー部の部長で全員をまとめるために自分の考えよりも他の部員の考えを優先させてしまった。ある大会で敗退したとき，練習中から自分の意見を積極的に言えばよかった，と後悔したことがあった。

改善点

> それを契機にチームの和を壊さないように配慮しながら，自分の考えを積極的に述べるように心がけている。

決意など

> 建築は，長期にわたり様々な人々の協力で完成する。サッカーを通じて得た，根気強さと協調性を貴学に入学してからも，社会に出てからも生かしていきたい。協調性を損なわない範囲で自分の意見を積極的に言えるようにしたい。

≪作成例≫

　私は，幼少の頃にサッカーをはじめ，中学校，高校でもサッカー部に所属した。サッカーというと一見華やかな競技のように思われがちだが，練習は基本を確実にした上でのチームプレイが中心なので，根気強さと協調性が要求される。私は，サッカーを通じて，一つ一つのプレイでもミスをしないようにするために努力をしてきた。それを通じてたとえ初歩的なことでも怠らない根気強さを獲得した。また，チームメイトと仲良くしてきた。

　たしかに，協調性には自信がある。しかし，中学時代チームメイトに気を遣いすぎて，積極的に自分の意見を言わないところがあった。中学時代，サッカー部の部長を任され，全員をまとめるために自分の考えよりも他の部員の考えを優先させてしまった。ある大会で敗退したとき，練習中から自分の意見を積極的に言えばよかった，と後悔したことがあった。それを契機にチームの和を壊さないように配慮しながら，自分の考えを積極的に述べるように心がけている。

　建築は，長期にわたり様々な人々の協力で完成する。だから，サッカーを通じて得た根気強さと協調性を貴学に入学してからも，社会に出てからも生かしていきたい。また，同時に協調性を損なわない範囲で自分の意見を積極的に言えるようにしたい。

Q7 エッセイなど自由記述をどのように書けばよいのか

　このような課題を出題する大学は，多くはありません。しかし，出題される場合，1000～2000字程度を制限字数としている大学が多いのです。書き方や考え方は，第2章小論文でも説明しますが，多くのことを述べるのではなく，主張を一つに絞ることを忘れないでください。

　また，課題文の中に条件があります。例えば，「高校生活を通じて」，「今までの経験を踏まえて，これからの課題について」など条件がついていれば，その指示に従ってください。

　さらに，このような課題は，小論文と考え，第2章の小論文に書かれているような書き方(例えば，「です」，「ます」ではなく，「である」調で書くように)で作成してください。

　なお，必ず，先生か先生にお願いできなければ，指導できる方に添削指導を受けてください。字数が長い分，余計なことを書いたり，途中でわかりにくくなってしまうことが多いからです。

　本書でも，添削は可能ですので応募規定に従い，応募してください。

Q8 他に注意することがありますか

　志望理由を考える上で，情報収集の必要性は前に述べたとおりです。それもできる限り早めに行う必要があります。推薦入試でもAO入試でも早く多くの情報をもつことが合格の秘訣だからです。

　早く動くだけではなく，早めの出願も重要です。受験番号が早いほうが有利かどうか，とよくきかれますが，受験番号が早ければそれで合格できるとは言えません。ただし，お受験や中学受験で保護者の方が，出願の日に早くから並ぶのはどうしてでしょうか？

　たしかに，早い受験番号だと合格できる，という噂から早く並んでいる人もいるようです。しかし，保護者の方は塾から早めに出願するように勧められます。塾の関係者が受験生に早めに出願させる理由は，もし出願書類に不備があった場合，困るからです。

　大学受験を目指すみなさんも同様です。早めの出願が重要です。早めに出願しておけば，書類に不備があっても締め切りに間に合います。また，面接試験でも受験番号が早ければ，どうしても大学に合格したいという誠意をみせられるでしょう。

　さて，書類の記入についてですが，必ず高校の先生にみていただいてください。推薦書が必要な大学もあるようですが，ない大学でも調査書の提出は求められます。高校から送られる書類の内容とみなさんが記入した内容が異なれば，大学側が困惑します。

　また，いきなりボールペンなどで記入するのではなく，コピーをとって下書きをしてください。もちろん，修正液で直すこともできますが，どうしても書類が汚れてしまいます。また，出願してしまえば，手元に書類が残らないわけですから，面接試験の前に自分が何を書いたか確認するために必要になります。さらに，先生に出願書類を確認していただくとよいでしょう。

　記入しなければならない項目は大学により異なりますので，大学のパンフレット等で確認しながら記入してください。なお，不明な点があれば大学に問い合わせてください。自己判断で書類を作成すると大学から連絡がきますよ。

　前述しましたが，過去に指導した学生で，出願後，志望理由を変更した方がよかった，と相談に来た受験生がいました。しかし，出願後は志望理由の変更はできないので，くれぐれも注意して出願してください。

　出願ミスをしないために，試験までのタイムスケジュールを立てるとよいで

しょう。以下にメモを作成しましたので，記入してみてください。

出願準備開始

_____

出願準備完了（出願の1週間前）

_____

出願日

_____

受験票の到着予定日

_____

試験日

_____

　余計なことかもしれませんが，遠方から受験する場合，余裕を持って試験に臨めるようにしましょう。秋ならば台風，冬ならば降雪で交通機関が乱れることがありますので。もし，試験当日何らかのやむを得ない事情で，会場に到着できない場合は，必ず大学に連絡をしてください。また，タクシー等を利用することもあるかもしれないので，お金は多めに持って行く必要があるでしょう。

メモ（出願に関して注意する点など）

_____

_____

_____

_____

第2章

小論文

Q1 小論文と作文はどう違うのですか

　みなさんは，今まで作文をずいぶん書いてきたのでは？夏休みの宿題，国語の授業などで小学生の頃から多くの文章を書いてきたのでは？さて，作文は「自分の思っていることを書くこと」だと考えてください。例えば，「大学の志望理由を400字以内で書きなさい」という問題ならば，次のようになるでしょう。

　私が，○○大学に入学したい理由は，家から近いこと，先輩が入学して満足していること，先生や親が進めていること，就職率が高いこと，歴史や伝統があり多くの卒業生が社会で活躍していること，経済学部で経済を学び将来自分で商売をしてみたい，授業料が安いことなどです。私の両親は，○○大学の出身だが，ことあるごとに○○大学は素晴らしい大学であると教えられてきた。△△大学も考えたけど，やっぱり○○大学の方が，偏差値が高いし，自分の性格に何となくあってる気がして志望しました。それと，今の日本は景気が悪いと言われるけど，日本はお金持ちの国だからこんな状況が長く続くと思えない。いつか，景気が良くなって経済学部の人気が出ると思う。それも考えて志望しました。

　たしかに，志望理由を列挙しています。しかし，何を言いたいのかこれではよくわかりません。やはり，限られた字数で自分の主張を一つに絞って述べるべきです。まさに，小論文と作文の違いはここにあります。小論文は，自分の主張を一つに絞り読み手（採点者）を説得すること，であると考えてください。ただし，大学によっては，試験科目を小論文と言わず，作文としている大学があります。しかし，大学入試レベルの作文は，小論文であると理解してください。
　また，小論文には形式があります。例えば次のようなことです。

＊「です」，「ます」ではなく，「である」調で書くこと。
＊200字程度で段落わけをすること。例えば，400字以内ならば，2段落で書く。
＊一文が長くならないようにする。

　この他にも細かい注意（第2章 **Q4** 参照）はありますが，前述の例では，このような形式が守られていません。作文ならば，「自分が思ったことをそのまま書けば良い」のですが，小論文ではあくまでも読み手がわかりやすい文章を作成してください。つまり，読み手（採点者）が「これはどういう意味だろう」と考えさせるような答案を作成してはならないということです。

Q2 小論文の問題をどのように考えるのですか

　私も受験生の時，小論文をどのように書くのだろう，と困ったことがありました。ある先生に相談にいくと，「本を読みなさい。そして，その作者のように書けばよいのです」と教えられました。たしかに，小論文では，国語力が要求されます。なぜなら，設問の意味がわからない，文章が与えられていればその文章の筆者が何を述べているのか（主張は何か）が，理解できなければ合格答案は作成できません。しかし，今本書を手にしている皆さんは，読書をする時間的な余裕はないのでは？ですから，次の手順にしたがって小論文の問題について考えてください。

　小論文には，文章が与えられて，それを基にして文章を書く文章読解型問題と書くべきテーマが与えられて，そのテーマについて自分の考えを述べるテーマ型問題，図表が与えられて，それを解釈した上で自分の考えを述べる図表分析型問題があります。どのパターンが出題されているかは，皆さんが受験予定の大学の過去問題を見ると良いでしょう。いずれにしても，まず重要なこととして，設問を熟読するということです。試験である以上，設問の要求に正確に答えなければなりません。また，字数などの制約が書かれていますので，それを皆さんは必ず守らなければなりません。800字以内で書きなさいとあるのに，300字しか書かない，また1500字も書く，というのでは先生に自分の答案を読んでいただくことはできないのです。

　さて，テーマ型，図表分析型問題については，Q6, 7で，それぞれのパターンについて問題を考えてもらいますが，文章読解型問題についてまず考えてみましょう。

文章読解型

　設問に従い本文を読む。つまり，「次の文章を読んで〜」，「筆者の主張を押さえた上で〜」という場合，本文に書かれている筆者の主張をまず押さえる必要があります。皆さんは，要約をしたことがありますか？要約では，筆者の主張を必ず書かなければなりません。ちなみに，本文を要約する場合，主張の説明⇒主張の理由⇒主張，主張⇒その理由⇒その説明，という流れで書かなければなりません。特に，主張の理由⇒主張というのは，必要なことです。要約が要求されていない場合でも，本文を理解する＝本文を要約できるということができなければな

りません。
　次に、筆者の主張に対して、自分の意見＝主張を決めなければなりません。小論文は、まさに自己決定が問われている科目なのです。自己主張には、正解など存在しないのですが、ここで気をつけなければならないことがあります。皆さんは、何も難しいことやかっこいいことを述べる必要はないのです。むしろ、評論家が述べるような第三者的な意見や本や新聞を引用してきた(つまり、他人の意見を述べているだけ)意見は、「おまえの考えではないだろう」と思われ、高い評価は期待できません。自分の考えを進めるには、「身近なことから考える」必要があります。「こういう事があったな」(説明)、「何々だな」だから(理由)、「何々だ」(主張)と考えを推し進めることが重要です。前述しましたが、皆さんも主張をするならば、理由や説明が必要です。それも採点者が理解できるようにしなければなりません。
　さて、ただ自分の考えを主張するのでは、説得力に欠けてしまいます。「もう一人の自分」を自分の対極においてみましょう。例えば、頻出問題ですが、「高校生が制服着用を義務づけられていることに対してどのように考えるか」という問題が出題されたとします。自分は、制服着用の義務化に賛成ならば、反対意見を考慮して、それを否定すれば、自分の考えが強まることになります。反対意見を否定して、自分の主張を強めるというのは、単に説得力があると言うだけではなく、自分とは異なる立場の人を考慮できる視野の広さをアピールすることができます。
　以上のことを実際の問題を用いて考えてみましょう。

［A］
　よく，ドイツに住む知人から「あなたの国のごみ料金はいくら？」と聞かれます。私が「基本的にただ」と答えると，「信じられない」という顔をします。まるで行政がごみをどんどん出していいと言っているのと同じで，減らそうという意思が働かないじゃない，というのでしょう。
　有料が原則のドイツでは，重量と体積の両方を量り，それに応じたごみ料金の請求書が毎月家庭に送られる制度も一部地域で始まっています。みんな，高いものや重いものを減らそうと必死です。
　日本の多くの自治体では無料で持っていってくれるから，自分が出す量に対して自覚が持てません。水道だと請求書が来て，先月の料金は高かったから今月は節約しようとか高過ぎておかしいとか考えるでしょう。でもごみの場合，自分がどれだけ出したのかわかりません。出さないよう努力しても，たくさん出す人の分までお金を払っているようなもので，不公平感はぬぐえません。
　有料化したら，買い物の質が変わるでしょう。ごみになる包装材の少ないものを買う意識が高まり，企業も生産段階からごみの少ない製品づくりに努力するはず。無料でごみを持っていってくれる，というのは，その好機を逃すことなんです。
　環境省のデータでは，日本では一人当たりのごみ処理費用は年間に約2万円(01年度)，4人家族だと約8万円になります。ところが，すでに有料制を導入している自治体でも30リットル入りの指定ごみ袋が1枚平均30円といいます。週3回使うとして1カ月で360円ほど。1年に四，五千円しか払っていない計算で，これでは処理費の一部をまかなったとは言えません。料金も明確な根拠で設定したのではなく，市町村が横並びで「この程度なら」と決めているのではないでしょうか。
　反対論者には，有料化していったん減っても，また元に戻るだけという批判があります。でも，長期的に見れば，年に数千円程度の負担でも一割は減っています。ごみ処理の全費用の2分の1とか4分の1を手数料で負担するという方法をとれば，もっと効果が出るでしょう。
　もちろん，市民に負担してもらうからには，行政の側もなぜそれだけの費用がかかるのか，ごみ処理に関する会計をつまびらかにする必要があります。
　徹底した分別収集でごみを減らせるという意見もあります。でもそれだけでは大量生産―大量消費―大量廃棄という輪は断ち切れません。省エネ，省資源のためには，まずごみ排出の抑制を図らないと。分別収集もあわせてどんどん進め，そうやって市民も料金と分別という痛みを感じることで，物を

つくる側の企業の責任も問えます。
　ごみを減らそうという意識がないまま，いまの消費生活を続けていたら，企業の側だって旺盛な需要を満たそうと見栄えのいい包装で製品を送り出そうとするでしょう。それで悪者扱いされたら企業もつらい。だから市民と企業の両方がセットで取り組まないとだめなんです。
　有料化したら，指定ごみ袋代をケチって不法投棄が増える，という心配も本末転倒です。心ない人には教育や罰則で対処すればいい。不法投棄のごみを見かけたら，町内会などで協力して処理してはどうでしょうか。行政には専用の無料袋を出させる。地域全体で取り組めば，コミュニティーづくりにも役立つでしょう。

［B］
　有料化は，ごみ問題の解決の方向を誤らせるものです。
　ヨーロッパ各国は「拡大生産者責任」という考え方で取り組んでいます。これは「生産者は生産物の処理の段階まで責任がある」というものです。単に税負担による処理から指定ごみ袋に置き換えるような方法では，本質的な解決になりません。
　有料化の論拠は，これによって「ごみの減量化」と「処理費の負担の公平化」の二つが進むというものでしょう。
　ごみを確実に減らすには，製品の生産量全体を減らすか，製品の設計や材質を変えることが必須です。しかし，有料化の発想にはそのどちらもありません。確かに有料化すれば一時的に消費が抑制され，ごみは減るかもしれません。でも，実施後しばらくたってごみの量が戻った自治体も少なくないのです。
　負担の公平化についても疑問です。家庭によってごみの量は違うのに，税金で一律に処理することに不公平感があるのは確かです。でも，例えば塩素を含んだごみは塩素を含まないごみに比べて処理費が高くつくように，費用はごみの量と比例しません。有料化では，指定ごみ袋の枚数など量に応じた公平性しか実現できず，ごみの質に応じた公平性は達成できるとは考えられないのです。
　一方，製品価格にその製品がごみになったときの処理費を上乗せする方法を取れば，ごみの量を減らすとともに，ごみの質に応じた公平性も実現できる，と私は考えます。
　例えば塩化ビニル製品。廃棄後の処理費は他のごみに比べて高いので，処理費を製品価格に上乗せすれば価格が上がり，結果的に消費は減っていくでしょう。企業は価格競争力を得るために，処理費が安い素材に変えるなどの

対策をとることになります。生産量や製品の質が変わり、ごみは減っていくはずです。

　有料化論者は「水も電気も有料だ」と言います。ですが、ごみは「負の財」であり、水や電気などの「正の財」とは本質的に違います。

　「正の財」は受け取る側が量に応じて金を払うので、もちろん不法投棄は考えられないでしょう。しかし「負の財」は出す側が金を払うので、不法投棄に走ってしまうのです。

　確かに、下水道は有料の「負の財」です。でも下水料金は流した量に応じてではなく、上水の使用量に応じて徴収されます。そうすることで不法投棄を防いでいるのです。同じように、ごみになってからではなく製品のところで処理費用を取るようにすれば、不法投棄を防げます。

　　（［A］松田美夜子「省エネの意識生む好機」［聞き手　森治文］，［B］熊本一規「製品に処理費上乗せを」［聞き手　石井徹］〈朝日新聞〉2004年6月11日　朝刊　『三者三論　ごみ有料化で減るか』）

問1　［A］と［B］の違いについて300～400字で述べなさい。
問2　ごみ問題の解決方法についてあなたの考えを500字以内で述べなさい。

《解　説》

　問1では，要約することが求められています。Aは，ごみの有料化に賛成していますが，その考えをまとめると次のようになります。

1. 有料化すれば，料金を節約するためにごみ減量に努力する

2. ごみを多く出す人と出さないように努力する人との不公平感も解消できる

3. 包装材の少ないものを買う意識が高まるから，企業もごみの少ない製品作りに努力する

4. 有料化しても元に戻るおそれは，ごみ処理の全費用の半分を手数料で負担すれば解決される

5. 懸念される不法投棄は，教育や罰則，町内会の協力でなくせる

一方，Bは，ごみの有料化に反対しています。その考えをまとめると次のようになります。

6. 有料化では一時的にごみを減らすことはできない

7. ごみの質に応じた公平感は達成できない

8. ごみを減らすには製品の全体量全体を減らすか，製品の設計，材質の変更が必須である

9. 製品価格にごみになったときの処理費を上乗せすればよい

10. 処理費を上乗せすることで不法投棄も防げる

　以上の1～10をまとめれば，答案作成ができます。

　問2では，あなたの考えを尋ねています。[A]，[B]が対極的な意見でしたので，どちらかの立場を支持する必要があります。この場合，自分が見聞したこと，体験したことを基にして，自分の考えを述べてください。その際，反対意見をあげ，それを否定するということを忘れずに。

答案例

問1

　［A］は，有料化すれば，料金を節約するためにごみ減量に努力する。また，ごみを多く出す人と出さないように努力する人との不公平感も解消できる。包装材の少ないものを買う意識が高まるから，企業もごみの少ない製品作りに努力する。有料化しても元に戻るおそれは，ごみ処理の全費用の半分を手数料で負担すれば解決される。懸念される不法投棄は，教育や罰則，町内会の協力でなくせると主張する。

　一方，［B］は，有料化では一時的にごみを減らすことはできず，ごみの質に応じた公平感は達成できない。ごみを減らすには製品の全体量全体を減らすか，製品の設計，材質の変更が必須である。だから，製品価格にごみになったときの処理費を上乗せすればよく，不法投棄も防げると主張する。

問2

（ごみ問題有料化に賛成しない例）

　私は，ごみ問題の解決法をごみの有料化のような近視眼的な方法に求めるべきではないと考える。なぜなら，ごみ問題は，リサイクルを進めたり，製品の大量生産，大量消費というサイクルを断たなければならないと考えるからである。製品のリサイクルが進めばごみの処理費用や埋め立て地のようなごみ処分施設，ごみを処分する上での環境破壊など我々が直面している問題を解決することができるだろう。また，外車のようにモデルチェンジをあまり行わない，長く使用できる自動車を開発すれば，ごみそのものが減少するだろう。

　たしかに，Aが主張するように有料化すれば，料金を節約するためにゴミ減量に努力する。また，ごみを多く出す人と出さないように努力する人との不公平感も解消できる。しかし，料金の節約や不公平感は個人の問題であり，社会全体としてごみ問題を解決することにはならないだろう。また，現代人のモラル低下を考えると教育や罰則での持続的な効果には懐疑的であるし，地域社会が崩壊している現在，町内会の協力には期待できないだろう。だから，まずごみを減らすことを考え，リサイクルや製品の全体量全体を減らすことを考えるべきである。

Q3 時間内に書くにはどうすればよいでしょうか

　もう一度確認します。
　小論文で最も重要なこととして，主張を決定するということです。何を言うか。逆に採点者からすると受験生の言いたいことは何か，を知りたい。つまり，小論文では，受験生の自己決定能力が問われています。自己決定するにはどうすれば良いのでしょうか。
　特に，次の4点には注意してください。

1. 問題を自分のこととして考える。他人事や評論家調の文章など採点者は期待していない。

2. 身近なことから考える。自分が未知なことについてはわからない。当事者でもないのに当事者の立場で問題を考えるなど所詮無理な話。例えば，教師の問題を教師の立場で書くなど。では，小論文ではどのような立場で書けばよいのか？

3. 自分が選択している時どうしているのか。(例)外食をしたとき，何を食べるか。

4. 物事には必ず理由がある。科学的に言えば因果関係がある。つまり，主張にしっかりした理由がなければ，採点者は受験生の思いこみだろう，と誤解される。

　さて，小論文では考えることが重要ですが，試験である以上，試験時間内に考え，考えたことを書かなければなりません。自分の考えたことを頭の中で組み立て，いきなり書き始める受験生がいますが，その中で高い評価を受ける答案はほとんどありません。試験会場では，下書きが配布されることがありますが，残念ながら下書きを書いて，清書する時間もなかなかないでしょう。
　ですから，考えをまとめる作業をしなければならない。そのためにメモを作りましょう。メモを見ながら清書する方法が一番効率的で，答案作成にも役立ちます。メモの作り方を考える前に，ひとつ確認することがあります。それは，考え方(書き方)には2種類あるといってよいでしょう。最初に主張を書く場合，最後に主張を書く場合です。

最初に主張を書く場合

① 主張を決める。理由を考える。主張を説明する（例をあげても良い）。
↓
② 反対意見を考える。その理由も考える。場合によっては説明する。
↓
③ 反対意見を否定すると自分の主張が高まる。
↓
④ 主張の補足や補強があれば述べる。（決意も含む）

最後に主張を書く場合

① 主張の説明
↓
② 反対意見を考える。その理由も考える。場合によっては説明する。
↓
③ 反対意見を否定すると自分の主張が高まる。
↓
④ 主張の理由，主張を書く。

どちらでもかまわないのですが，それぞれメモの作り方が異なります。

Q_2（p.33～p.35）のごみの有料化の問題（問2）のメモをつくってみましょう。

最初に主張を書く場合

① 主張

② 理由を考える。

③　主張の説明〔(例)も含める〕

[　　　　　　　　　　　　　　　　　　　　　　　　　　]

④　反対意見(その理由，場合によっては説明)

[　　　　　　　　　　　　　　　　　　　　　　　　　　]

⑤　反対意見を否定

[　　　　　　　　　　　　　　　　　　　　　　　　　　]

⑥　主張の補足や補強

[　　　　　　　　　　　　　　　　　　　　　　　　　　]

最後に主張を書く場合

①　主張の説明

[　　　　　　　　　　　　　　　　　　　　　　　　　　]

②　反対意見(理由，場合によっては説明)

[　　　　　　　　　　　　　　　　　　　　　　　　　　]

③　反対意見の否定

[　　　　　　　　　　　　　　　　　　　　　　　　　　]

④ 主張の理由

⑤ 主張

　それぞれの項目について，箇条書きでかまわないので，記入してください。先ほどのごみの有料化の問題（問2）のメモは次のようになるでしょう。

① 主張	ごみ問題の解決法をごみの有料化のような近視眼的な方法に求めるべきではない。
② 理由	ごみ問題は，リサイクルを進めたり，製品の大量生産，大量消費というサイクルを断たなければならないから。
③ 説明	製品のリサイクルが進めばごみの処理費用や埋め立て地のようなごみ処分施設，ごみを処分する上での環境破壊などが解決できる。外車のようにモデルチェンジをあまり行わない，長く使用できる自動車を開発すれば，ごみそのものが減少する。
④ 反対	［A］が主張するように有料化すれば，料金を節約するためにごみ減量に努力する。ごみを多く出す人と出さないように努力する人との不公平感も解消できる。
⑤ 否定	料金の節約や不公平感は個人の問題であり，社会全体としてごみ問題を解決することにはならない。現代人のモラル低下を考えると教育や罰則での持続的な効果には懐疑的。地域社会が崩壊している現在，町内会の協力に期待できない。
⑥ 補足	まずごみを減らすことを考え，リサイクルや製品の全体量全体を減らすことを考えるべき。

Q4 小論文では，他にどのようなことに注意すればよいのですか

1) 基本的なことですが，次のような場合は，採点をしていただけないかもしれません。

  ① 「です」，「ます」で書かれている。

  ② 題意とかけ離れている。

  ③ 不適切な内容を含む。

  ④ 制限字数を無視している。「〜字以内でも」制限字数の8割以上〜制限字数まで書くと思って欲しい。

2) 次のような答案は点数が低いでしょう。

  ① 主張が絞りきれていない。多くのことを言いたい気持ちはわかりますが。

  ② 論理的ではない。つまり，話が飛躍している。反論（自分とは異なる意見）を考慮していない。段落間，文章間でつながりがない。無関係なことや無駄なことが書かれている。

  ③ わかりにくい表現が多く書かれている。例えば，自分だけがわかっていることを書く。

3) 次のような場合は減点されるでしょう。

  ① 誤字，脱字

  ② 話し言葉が書かれている

  ③ 特殊記号を用いている。例えば，！，？，………など

  ④ 誰もわからない比喩を使う

  ⑤ 修飾，被修飾関係が不明。主語がはっきりしない。

  ⑥ 一文が長い。80字をこえないようにしてください。

  ⑦ 同一文の繰り返し

⑧ 略字。例えば，向，向といったような略字。

4) 減点はされませんが，注意してください。

① 一段落は200字ぐらいが原則

② 字は丁寧に

③ 挟み込みはやめる

④ 間違えたら消しゴムで消す

　答案を作成したら，もしくは一段落書き終えたら見直しましょう。また，繰り返しますがただ書くのではなく，メモを作成した上で，答案を作成すると良いでしょう。

Q5 文章読解型問題の答案作成はどうすればよいでしょうか

　Q2 では，ごみ問題について考えました。推薦・AO入試では，テーマ型問題が多いのですが，テーマ型では本文というヒントが与えられません。つまり，自分で考えなければならないのです。ですから，たとえ自分が受験する大学の過去問がテーマ型であっても，最初からテーマ型問題に取り組むことはたいへんだと思います。そこで，良問を集めてみましたので，是非練習してください。多少難しい問題もありますが，がんばって挑戦してください。なお，添削希望者はカバーのフラップにある添削指導応募規定に従い，ご応募ください。

例題（情報化社会）

次の文章を読んであなたの考えを800字以内で述べなさい。

　現代は高度情報化社会であるといわれる。湾岸戦争では，多国籍軍のステルス戦闘機によるバグダッド市内爆撃が，あたかもTVゲームのように茶の間にリアルタイムに映し出された。今ではインターネットを通じて，過去では考えられないような量の情報が，瞬時に手に入る時代になっている。情報量の増大は，意思決定を単純化するであろうか。事態はそれほど簡単ではない。情報量の増大は情報のパラドックスという現象を引き起こすからである。
　つまり，情報があればあるほど，我々の事実認識があいまいになり，相対的な問題解決能力を喪失するということである。
　情報が多量にあるということには，三つの意味がある。
　まず，情報が細分化されるということである。「木を見て森を見ず」という諺通り，樹木に対する知識の増大は，森全体の構造的な認識を失わせることになる。情報の細分化は分析によって行われることが多いため，これを分析麻痺（アナリシス・パラリシス）と呼ぶこともある。医学の専門分化の進展について考えれば分かりやすいかもしれない。
　また，情報の送り手が媒体を通して伝える情報は，元の情報とは必ず異なる部分が生じる。これを情報スラックというが，情報システムの複雑化，ネットワークの錯綜化の進行によって，この情報スラックが増大する。情報の送り手と媒体が複雑になれば，情報スラックも多く発生することになり，結果として真の情報がよりあいまいになる。誰でもやったことのある伝言ゲームを考えれば理解しやすい。伝言が伝わっていくに従い，余分な情報が加わったり，情報の一部や歪められたりすることはよく経験することである。
　第三は，そもそも我々の受け取る情報は，誰かの意思決定の結果であるということである。TVで流される情報は，現場の撮影者が意識的・無意識的に選択し，TV局が選択し，あなたがチャンネルを選択した結果の情報である。ニュース性が高いもの，人気のあるもの，もともと受け入れやすいものが優先される。切り捨てられた選択肢に関する情報は，はじめから隠蔽されていると見ることもできる。
　さらに，情報操作というやっかいなものが存在する。情報操作は，国家による情報統制のみならず，株の仕手戦，商品広告，あるいは個人レベルでの学歴詐称など，ありとあらゆるレベルで行われている。しかも，意識的にな

されている場合もあるが，中には無意識に近いもの，指摘すれば情報操作なんてとんでもないという反論が返ってきそうなものもあろう。

　例えば，某社の『植物物語シャンプーａ』の宣伝文句は，『洗浄成分の99％以上を植物生まれに』と謳っている。植物という言葉によって，髪への優しさ，安心感等を訴え，購買意欲を高めようと狙った宣伝かもしれない。実は，洗う成分の99％以上が植物生まれなのであって，匂いや他の成分も含めたシャンプー全体の成分の99％以上が植物生まれであるとは言っていない。指摘されれば，このように嘘はついていないと反論するであろう。某官庁の交通事故死亡者とシートベルト着用率に関する広報も同様である。

　さらに，テレビコマーシャル等で，シチュー鍋に具があふれ，グツグツと煮立ち，湯気が立ち込めているシーンを観ることがある。しかし，本物のシチューの料理では，プロが作ってもこのようにはならない。実際には，鍋の中を底上げして具を表面に出し，パイプで泡を送り，横から水蒸気を吹き付けるなどの苦労をして，いかにもという「シチュー」のシーンを見せているのである。

　このように，悪意に満ちた情報操作とまではいかなくても，意図的に計算された誤解，情報の一部のみの提供による認識操作，我々のステレオタイプに合致するよう歪められたり脚色されたりした情報などが，我々の周りには満ちあふれている。しかもこれらの情報量が極めて多いのが現代の特色である。

　我々は情報の海の中で生きているといっても過言ではない。

　　（印南一路著『すぐれた意思決定　判断と選択の心理学』中央公論社．1997年6月．
　　70–72ページ）

答案例

　筆者は，我々は誰かによって操作された大量の情報の海の中で生きていると述べている。また，情報は取捨選択されたものであり，情報の細分化により全体の構造的な認識の喪失が起きると指摘している。この様な筆者の指摘は，情報社会に生きる我々現代人の状況を言い得ていると思われる。なぜなら，このような状況を切実に感じることができるからである。つまり，国内では小泉首相の人気を演出する上で「改革」，「抵抗勢力」といった言葉を意図的に流行させたマスメディアの情報操作，海外では2003年のイラク戦争でのアメリカによる情報操作がその代表例である。

　後者において，イラクの前大統領により大量破壊兵器が隠されているという情報操作が行われた。91年の湾岸戦争とは異なりアメリカ軍が世界から来た多くの従軍記者の同行させて，戦場から生中継を行わせた。たしかに，それは事実をありのままに伝えるものであった。また，戦場から生中継で発せられた情報はリアルに伝えられたもので，現実を含んでいるといえるだろう。しかし，アメリカ軍に同行した記者が報じる事実は，アメリカ軍の砲弾がイラク軍の施設や戦車を破壊している事実だけであった。攻撃されて死亡するイラク兵や爆撃で家族を失い負傷した一般市民の姿を伝えることをしなかった。

　また，従軍記者から伝えられる情報は，事実の一側面であっても戦争という現実に迫るものではない。本来戦争というのは，攻撃する者とされる者，兵士と市民，軍事技術と生身の人間といった複雑な要素がからみあった矛盾に満ちたものである。この様な現実を正確に理解するには，イラク市民の側にたったNGOの情報など様々な情報を多角的な視点で集める必要がある。また，戦争で殺人が行われているといった想像力が私たちに働かなければ，リアリティは再構成できないと思われる。

例題(教育)

次の文章を読んで,あなたの考えを600字以内で述べなさい。

　子どもが将来おとなになって生きていくために必要な知識や技能,能力をあらかじめ教えておくのが学校であるという発想は,それ自体,反論の余地のないもののように見える。現に幼い子どもは生活者として無力であり,そこからおとなになって一人前の生活者になる過程で,種々の知識・技能・能力を身につけていく。その知識・技能・能力はそれぞれの時代状況に規定されるので,それに合わせて学校という制度のなかでこれを保障しようとする。それは,きわめて自然な発想であると思われている。しかし私には,そもそもの出発点たるこの発想になにか決定的な思い違いがあるように思えてならない。とりわけ気になるのは,そこに言う「将来のためにあらかじめ」という発想である。

　おとなになった人間が,これこれの力を使って生活しているということと,だからその力を子どものころからあらかじめ準備しておかねばならないということとは同じではない。事の流れの結果として得られるようになることを,その最初から目的として求めるとき,そこにはしばしば倒錯が生じる。それは舌切り雀やこぶとり爺さんの昔話が,裏話として人に諭したことでもあるのだが,さらにここで問題になるのは「将来」という概念である。

　たとえば中学生が,成人して仕事に就く10年先の「将来」を,どこまで実感的に捉えられるだろうか。すでに中学,高校,あるいは大学をへて仕事をしている私たちおとなからすれば,子ども時代のあとにやってくるその「将来」は予測可能な一種の現実に見える。しかし,まだそのずいぶん手前にいる子どもにとって,その「将来」はせいぜいただの言葉にすぎない。それは別に子どもにかぎった話ではない。50歳すぎの私が,60歳をすぎた先の「将来」を実感して,どこまで「あらかじめ」そなえられるだろうか。

　時間の遠近法のなかで,人間がその遠近を実感できる範囲はそれほど遠い先にまでおよばない。10年も先の「将来」はむしろ抽象的な観念でしかない。だからこそ,たとえば,やがて確実に来るはずの死に対しても,人はそこに切実な実感をもつことなく,日々を平穏にすごせているではないか。将来の死もまた,生きている人間にとっては観念にすぎないのである。

　にもかかわらず,人はその発想に縛られる。というのも,人間につきまという観念は,不安というかたちで人を脅かすからである。たとえば子どもが不登校になったとき,たいていの親たちは,その後の子どもの進む道をすっ

かり見失ってしまって,「いったいこの子の将来はどうなってしまうのだろう」と思う。子ども自身もまた「おさき真っ暗」の気分になって,一歩を踏み出すまでにかなりの時間を要する。「将来のためにあらかじめ」という学校的発想は,実感的な裏づけをもたないにもかかわらず,そこからはみ出すことへの不安はけっして小さいものではない。

　ここから奇妙なことが出てくる。「将来のためにあらかじめ」必要だとされる知識や技能,能力を学ぶ。ところがそれがほんとうに将来の自分の生活につながるという保障はないし,その実感もない。にもかかわらず,それを学ぶ場から離れることは不安で,いちおう勉強しておかねばという強迫意識を引きずる。そうなったとき,学びはすっかり子ども自身の生活から浮いてしまう。将来のために勉強するのだと言われ,自分もなんとなくそう思うのだが,それは実感のともなわない観念でしかないとすれば,勉強は勉強で閉じる。せいぜいのところ,それは試験の成績とか入試の成功—失敗というかたちでしか実感できないものになってしまう。

　こうなったとき,ある少女の言うように「学校で教えられた事は学校でしか成り立たない」。そこでは,学びの意味が学校でつけられる成績という一元価値に集約されてしまう。学ぶことが,私の生きているいまに,そして私の生きていく明日につながらないかぎり,それは他人から貼りつけられたレッテルでしかない。レッテルでしかないにもかかわらず,それに縛られ,それによって傷つけられる自分がいる。そこで息苦しい思いを味わい,なんとか楽に息がしたいと思うようになるのも,またごく自然なことであろう。

　「将来のためにあらかじめ」という発想には嘘が含まれている。少なくともそれは,学ぶ主体である子ども自身のものではない。なにしろ,そのような「将来」など,具体的なかたちで子どもたちは誰も実感していない。そのような観念でしかない「将来」を子どもたちに押しつけ,それによって子どもたちのいまを支配するというその時間的展望の倒錯こそが,子どもたちの「学べない」状況のもっとも根本にある問題ではなかろうか。

　ここで誤解のないよう言っておかねばならないことがある。私はこれまで「子どもが将来おとなになって生きていくために必要な知識や技能,能力をあらかじめ教えておく」という発想のおかしさを説いてきた。しかし子どもが何かを学んでおとなになっていくという事実,そしてその「何か」の中身が結果的にはここでいう知識・技能・能力であることを否定するものではない。

　子どもは順々に力を身につけ,世界を広げ,やがておとなになる。その順行の過程は当然の過程である。問題なのは,おとなになったときに身につけているはずの力を,逆行的にさかのぼらせて,だから「その将来のためにあ

らかじめ」それを用意していこうと考えるところで，構図が逆転してしまうことである。言ってみれば，ごく単純な話である。しかしその単純な錯綜に多くの人が陥って，それに気づかない。

（浜田寿美男著『岩波講座 現代の教育 第3巻 授業と学習の転換』岩波書店．1998．「Ⅱ 学ぶことの危機 1 学べない子どもたち」39-42ページ）

答案例

　私は，学校教育での学びに限界を感じている。だから，学校という枠を外れ，生活の中で生涯にわたり学んでいくことが重要だと考える。なぜなら，学校教育では，知識・技術・能力の養成が子どもの生活に結びついていない。だから，子どもは学ぶことの積極的意義を認識しないまま受動的に学ばされているからである。つまり，本来学びは生涯にわたり，その生活に即して主体的に学ぶことが基本である。学びはこの生涯を支えるものでもあるはずだ。

　たしかに，現在の学校教育では，定期試験や入学試験のために学ぶことが強制される。しかし，そのような学びで得た知識・技能・能力は「将来のために」役立つかどうか疑問である。むしろ，学校以外で学んだことの方が，子どもの将来には役立つことの方が多いのではないか。例えば，子ども時代に自然とふれあうことで生命の神秘に気づき科学を探究することを身につけたと述べるノーベル賞受賞者の言葉は典型的な例といえる。

　子どもには子どもなりの生活を求める学びがある。学校に限定されない場でも学ぶということを考えれば，遠い将来を先取りする必要もない。また，生活の中で学ぶことができれば生涯学習の基礎が確立されることにもなる。そのためには学校教育中心の教育を見直し，子どもの生活圏を拡大するべきだと考える。

例題（医療）

次の文章を読んで，あなたの考えを600字以内で述べなさい。

だれもが健康であることを望んでいる。しかしそれを自覚するのは，多くの場合，健康を害したときだ。病気にかかったり怪我をしたりして生活に支障をきたしたときになって初めて，健康のありがたさを実感する。そしてこのとき，医療の必要性も痛感する。医療の出発点が健康の回復であるならば，まずは何をおいても健康が取り戻せさえすればそれでよい。理屈は二の次である。

痛みを取り除く方法として，「ちちんぷいぷい」というおまじないが昔から知られている。子どもが転んで膝をぶつけるなどして痛がっているとき，患部を優しくなでながらこの呪文を唱え，「痛いの痛いの飛んでけー」というと，あら不思議，もう痛みは消えている，といったものだ。飛んでいく先もいろいろだし，「ちちんぷいぷい」の起源にも諸説あるようだが，そんなことはどうでもよい。痛みもいろいろだし，「ちちんぷいぷい」の起源にも諸説あるようだが，そんなことはどうでもよい。痛みが消えているようならそれは立派な「治療」法になっている。このことだけが重要なのだ。そしてここには，医療のあり方を考える上でも重要な要素がいくつか潜んでいるように思われる。

第一に，ここには近代的な意味で技術と呼べるものは皆無に近い。しかし，「なでる」「さする」といった文字通りの「手当て」の行為がある。医療「技術」の根本を考える材料がある。第二に，このおまじないは，患者から医療者（と呼べるかどうかあやしいが）に対する信頼感がなければならない。行きずりの人ではうまくいかないかもしれない。家族であっても，日常的な虐待がなされていれば恐怖心が先立ち逆効果となろう。信頼する気持ちがあればこそ効き目が現れる。第三に，「医療者」は素人である。格別技術が要るわけではないのだから，信頼関係がありさえすれば誰にでもできる。受けた方も，記憶に残っていればやがて自分自身が「治療者」となって幼子の痛みを和らげる役に回る。第四に，この「治療法」は万能ではない。ぶつけたり，すりむいたりなどの軽傷にしか効かない。幼児になら効果てきめんでも乳児にはまったく効かない。意識を失うほどの重症・重病にも効かない。逆をいうと，心理作用が働く場面でしか有効性をもたない。

（佐々木能幸著「2章 医療者の言語，患者のことば　2.1 ちちんぷいぷい―医療の原風景」『いのちの倫理学』桑子敏雄編著．コロナ社．2004.10．24－25ページ（一部略））

答案例

　本文でも述べられているように医療者は患者から信頼されなければならない。なぜなら，今後高齢化社会が進行し，慢性疾患が医療の中心となる中で，長期的に良好な患者，医療者関係が求められるからである。つまり，高血圧や高脂血症など生活習慣病の患者，加齢に伴い複数の持病を長期にかかえる患者が増加し，その予防や治療に医療者は当たらなければならない。

　たしかに，医療者は患者の治療が第一の役割である。だから，治療技術や最新知識の習得を欠かしてはならない。しかし，生活習慣病や加齢に伴う疾患は，根本的治療が困難である。患者は病と共に生活しなければならない。その様な中で医療者は患者のQOLを高めるような医療を行うべきである。そのためには患者が何を望んでいるか等，患者の心情を把握するために患者の話を十分に聞かなければならない。また，患者は病気をかかえて不安な気持ちである。患者の立場に立つことはできないが，患者の心情に共感する努力は怠るべきではない。そのような医療者の姿勢が患者からの信頼を獲得する第一歩になると思われる。それは，単に今後の医療のあり方だけではない。

　私が将来医療者になったとき，患者の信頼を獲得するために患者の話を良く聞き，患者の意向にできる限り尊重したい。また，共感する努力をする中で患者からの信頼を得ていきたい。

Q6 テーマ型問題の答案作成はどうすればよいでしょうか

　テーマ型は，与えられたテーマに関して，自分の知識や経験を基に書かせる問題です。大学の中には，面接できくようなことについて出題する場合もあります。考え方，書き方は文章読解型問題と同様です。過去問や志望理由などの添削指導を希望する方は，巻末の要領に従いご応募ください。
　では，まず次の問題について考えてみましょう。なお，例題③は，難しいので読み飛ばしていただいても構いません。

例題①
「わかる」ということについて400～500字程度で自分の考えを述べなさい。

アドバイス　「わかる」といきなり言われても困ると思います。どのように考えて良いかわからない場合，反対の事を考えると良いでしょう。つまり，「わかる」に対して，「わからない」という場合を考えればよいのです。次に，何が「わかる」，「わからない」のか，これらについて問題設定する必要があるでしょう。答案例では，人間の心について論じていますが，皆さんはどうでしょうか。

答案例

　私は心理学を専攻したいが，人間の感情ほどわからないものはないと感じる。なぜなら，個人の感情は絶えず変化するものであり，決して普遍的なものではないからである。例えば，ある時は多くの人と一緒にいたい，しかしある時は孤独でいたい。異性に恋愛感情をもっても，それが初恋のような感情を持ち続けることはできない。

　たしかに，心理学はこのような人間感情を探求する学問であるから〈わかる〉ことに主眼がおかれる。しかし，私は，人間の感情をパターン化することはある程度できても，個人の内面をあたかも機械のように〈わかる〉ことはあり得ないと思う。だから，人間は不安になる。自分の，他人の内面をわかりたいと考え，宗教や占いといったものに走る。また，テレビのワイドショーなどで他人の内面に立ち入りたくなる。これらに関係している人はあたかも人間の感情がわかったかのように言うが，そのように言う人の感情も私にはわからない。そのようなわからない感情を神秘的なものとするのではなく，科学的な方法でわかるようにするのが心理学であり，私はこの点に魅力を感じる。

例題②

「待つ」ということについて800字以内で述べなさい。

アドバイス これもなかなか抽象的なテーマですね。抽象的なテーマに関しては，具体化する必要があります。何を「待つ」か，「待たないのか」，身近なことから考えてみましょう。

答案例

　　私は「待つ」ことが見直されるべきであると考える。なぜなら，実際私達は多くのことを待たなければならない。何かを待った後で，それが得られた喜びは大きいからである。私は北海道の北部に生まれ高校卒業まで生活していたが，長い冬を我慢しなければならなかった。やがて春を迎えたとき，春の訪れを心の底から喜べるのである。また，季節の変化は自分では変えようがないが，もし自分が厳しい状況におかれた場合，今の状況に耐え，良い状況になるように努力し，良い結果が出るのを待つべきである。

　　たしかに，北海道の冬は厳しい。自然災害も多いし，冬は毎日雪かきにおわれる。また，自然の厳しさだけではなく，もし厳しい状況に自分がおかれた場合，その状況から逃げ出すこともできるだろう。実際，厳しい状況に耐えられずフリーターやニートになった人が多い。若者に限らず短期投資などで楽に多くの金銭を手にする方法を考えている人が多いという事実もある。しかし，自然の脅威にさらされながらも，自然と共生することで北海道の人々は助け合うし，自然に感謝しながら生活できるのである。無機質なコンクリートジャングルの中で生活し，時間に追われる大都会の人が感じるストレスとは無縁である。

　　バブル崩壊を日本は20年前に経験した。また，現在一度フリーターやニートになると正社員になることは難しく，生活不安を強く感じる人が多いなど厳しい現実がある。どのような分野でも，ある一つのことを長い下積み生活を経て，一人前になれるのである。一人前になれるように我慢しなければならない。ただし，人生は春の訪れを「待つ」だけでは，望む結果は得られない。ただ「待つ」のではなく，自分が望む結果が出るように「待つ」のである。そのためには，今を未来の先行投資だと思って努力していかなければならない。

例題③

最近,電車内などの公的空間において,平気で携帯電話で話したり,飲食をする人が多く問題になっています。いわば公的空間に私的空間が持ち込まれることは,迷惑であるといえます。しかし,公的空間と私的空間の境界線は対人距離への心構えに任されるため,明確な基準を持ち得ません。では,あなたは公的空間と私的空間との境界についてどのように考えますか。あなたの考えを600字以内で述べなさい。

アドバイス 公的,私的空間の問題は,現代文でもよく本文で論じられている事ですが,いざテーマになると難しいのではないでしょうか。

答案例

　公的空間と私的空間との境界は、「私」の判断でなされるべきという筆者の意見には賛成である。しかし、実際問題として、利己的な人が増えている現代社会で、公的空間を私達の努力で構成することは困難ではないか。なぜなら、他人のことを考える、いわば恥の文化を持つと言われる日本人が、変質しつつあると感じるからである。例えば、車内では飲食をしないでください、携帯電話を使わないでください、と札幌市の市営地下鉄では呼びかけてきた。車内での飲食は他人に不快感を与え、携帯電話の使用は迷惑行為であり、電波が健康に悪影響を及ぼす可能性がある。しかし、マナーの呼びかけには限界があり、最近では警備員が車内を巡回している。

　たしかに、多くの人は、携帯電話の使用を控え、車内飲食をしていない。なぜなら、他者の迷惑を考えるからである。しかし、携帯電話を使う人がいるし、車内飲食をする人もいる。本来、公的空間と私的空間の境界は曖昧であるから、この様な人に、「他人の迷惑を考えろ」といえば逆ギレされるかもしれない。つまり、この様な人に他者の立場で私を考えるべきだといっても、他者のことなどそもそも眼中にないから、指摘は徒労に終わってしまう。地域が崩壊し、親のしつけが十分ではないといわれる現在、利己的な人は増殖するであろう。だから、根気強くモラルを呼びかけると同時に、公的空間を公的機関が定義し、制限していくべきだと考える。

Q7 図表問題はどのように考えればよいでしょうか

　図表問題は，出題率は高くないのですが，過去問をみて出題されていたら次の点に注意してください。

① 図表の特徴をとらえる。急激な変化，多いものなど特徴的な事柄に注意。
② ①に関して，その原因，対策など様々な角度から考察する。
③ あくまでも図表が基本。図表から離れて考察しない。
④ 設問の要求など設問の条件を押さえる。

例題ですが，図から，友達とほとんど遊ばなかった，2時間以上遊んだがそれぞれ3分の1以上を占めていることがわかります。遊ぶ時間の二極化が読み取れますが，設問にあるようにその原因について推測，例えば通塾やテレビゲームなど一人遊びなどについて考えてください。

問題

下の図をみてあなたの考えるところを600字以内で述べなさい。

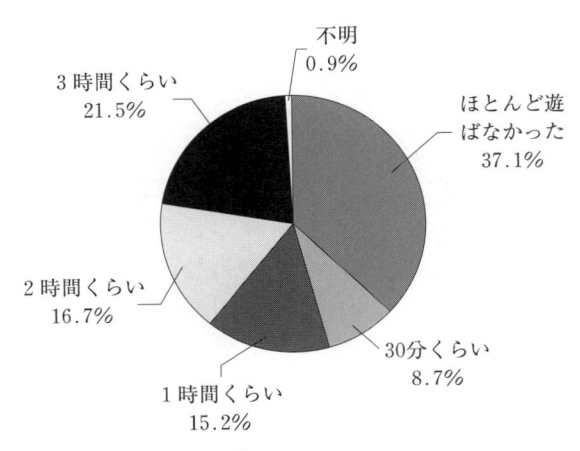

友達と遊んだ時間

- ほとんど遊ばなかった 37.1%
- 30分くらい 8.7%
- 1時間くらい 15.2%
- 2時間くらい 16.7%
- 3時間くらい 21.5%
- 不明 0.9%

調査対象は全国の小学校4年生から6年生までの1,075人で，前日の放課後，友達とどれくらい遊んだかを尋ねたものである。
（総務庁青少年対策本部「低年齢少年の価値観等に関する調査」2000年より）

答案例

　図から，友達とほとんど遊ばなかった，2時間以上遊んだがそれぞれ3分の1以上を占める。遊ぶ時間の二極化の現状が考えられる。前者の子どもは通塾している，習い事をしている，一人で遊んでいるなどが考えられる。大都市は，通塾率が高いと言われているが，通塾する児童は今や全国的な傾向ではないか。たしかに，塾で友だちができるかもしれない。しかし，その関係は遊び仲間ではなく，あくまでも勉強仲間である。また，図は古いデータであるが，この時代でもテレビゲームやパソコンなど一人で遊べる手段は豊富であったのではないか。さらに，少子化の影響で同世代の子どもと接する機会は少ないかもしれない。つまり，友達の数が少なければ遊ぶ時間が少ないと考えることができる。

　後者の子どもは，通塾していない子どもであると考えることができる。通塾していなければ遊ぶ時間ができるが，全国的な通塾率の高さを考えると少人数の友達と2時間以上遊んでいるのかもしれない。また，図からはわからないが，全国的に通塾率の低い地域では，友達と遊ぶ時間が多いのではないかと思われる。地方でも少子化の影響で多くの同世代の子どもはいないだろう。だから，友達の人数は首都圏の調査と大差はないと思われる。

第3章

面接

Q1 面接試験とはどのような試験ですか

　面接試験は，受験生の人間像をみるから，ありのままの自分を出せばよいと言われます。しかし，みなさんの保護者と同年齢か，それ以上の，しかも初対面の人と何の準備もしないで話すことは難しいのではないでしょうか。私が，受験指導をしてきて，面接試験の準備をしなくても，十分耐えられる（合格ラインにある）と思える人は，ほとんどいませんでした。やはり，面接試験といえども，試験である以上は十分な準備が必要であることは言うまでもないことでしょう。

　面接試験の目的は，大学により異なります。資格取得を目的とする大学（医学，歯学，医療看護，薬学，獣医学，教育学部など）では，将来の進路が資格と密接な関係があるので，その適性が問われます。つまり，医学部に進学すれば医師になる，教育学部に進学すれば教師になる（なかなかたいへんですが），ということです。

　資格取得を主な目的としない大学では，入学後の意欲，学問への熱意が問われる傾向があります。大学側は，業者が出す偏差値にとらわれない，意欲的な学生を入学させたい，と考えているのです。この背景には，大学で今深刻な問題が起きていることがあげられます。基礎学力が身についていない，授業中の私語，居眠り，メールの作成は当たり前，先生から言われたことしかしない，というように多くの大学で先生方は，学生の教育について悩んでいます。

　受験予定大学が，どのような受験生を求めているかは，募集要項に書かれていますし，説明会でも教えていただけるので，必ず確認してください。

　少し，脱線しますが，今や少子化が進み，みなさんが大学を選ぶ時代です。ですから，ここまで何回も言ってきましたが「大学に入れば何とかなる」，「大学に入ってから考える」のではなく，十分自分が納得した上で，入学してください。

　よく受験生から「これからの時代は，どのようなことをやればよいですか」と質問されます。このようなとき，次のような話をします。今から，50年ぐらい前は，石炭産業が産業の中心で，炭鉱会社に入社することは非常に難しい時代でした。しかし，今はどうでしょうか？石炭？炭鉱？日本では今これに従事している人はほとんどいません。

　また，ソニーという有名な会社があるのはみなさん知っていますよね。アメリカ人でも日本の会社というとソニーをあげる人（と言うよりソニーがアメリカの会社だと誤解しているアメリカ人も多い）が多いのです。このソニー（前身の会社）が設立された当時，入社希望者が少なくて苦労した，という話があります。今，

ソニーに入社することは非常に難しいのですが。
　このように，時代，時代ではやり，廃りがあります。また，様々なものがつくられる昨今，時間の流れを早く感じませんか？そのような中で，将来，これが有望だというものはないのです。ですから，自分がやりたいことを信じて，それをするための手段として大学に進学して欲しいのです。このことは，最近よく言われる自己責任とも関係するのですから。
　いずれにしても大学が求める学生像は，次のようなものでしょう。

　　1.　基礎学力が身に付いていて，入学後授業についていける。

　　2.　何事にも非常に意欲的で，積極的に取り組む

　　3.　大学で，これを学びたい，これをしたいという目的意識が明確である。

　　4.　将来像が明確である

　　5.　社会性が身に付いている

　1 については，出願条件として評定平均の基準を設けている大学が多いでしょう。また，大学によっては，口頭試問を課す大学があります。例えば，面接で物理に関する質問をしたり，課題図書を読んでその内容について説明させる大学もあるようです。
　2〜4 について，面接試験を通して，先生方が判断します。ですから，これらに関する質問事項について，みなさんは準備する必要があります。
　5 については，面接試験でみなさんの態度や姿勢から評価されることになります。
　みなさんの志望大学では，どのような人物を求めているのでしょうか。様々な情報をもとにして空欄に記入してください。

求めている人物像

Q₂ 面接試験ではどのようなことが質問されますか

　面接試験で質問されることは大学で異なりますが，大学の志望理由と学部の志望理由については，まず質問されると考えてよいでしょう。また，高校生活など今までの生活や将来の希望などこれからの生活について質問されることも多いと言えます。

　一般的には，上述したとおりですが，もし過去にどのような質問がされたか，について知ることができれば，それに対する答えも準備するとよいでしょう。Q₁ で示した「基礎学力が身に付いていて，入学後授業についていける」という観点から，口頭試問が課される場合，それに対する準備も必要になります。もし，説明会などで大学の先生に質問できる機会があれば，尋ねてみるのも一つの方法だと思われます。また，口頭試問ではないのですが，社会常識をみるために，「今社会で起きていることで関心のあること」なども質問されることがあります。さらに，学部に関係のある質問もされます。例えば，福祉では「高齢者社会について」，教育では「少子化」について聞かれることがあります。自分に関係のある社会的事項について，その問題点と自分の意見についてまとめておく必要があります。これについては，もう一度 Q₃ でアドバイスします。

　Q₃ とも関連しますが，自分に関する質問事項は必ず質問されると考えてください。自分に関する質問事項について，過去⇒現在⇒将来(未来)，に分けることができます。過去は，みなさんが入学までにどのようなことをしてきたか。現在は，今何をどのように考えているか，今どうしているか。未来は，今後どうしたいか，ということです。そのように考えると次のように質問事項を分類できます。

過去

① 出身地について

② 出身高校について

③ 高校時代の成績について(得意，不得意科目)

④ 今までの活動について(部活動，生徒会活動，地域の活動，ボランティア活動など)

⑤ 今まで自分でずっと行ってきたことについて(趣味，特技，スポーツ，芸術など)

現在

⑥ 志望理由（大学，学部）

⑦ 自己アピール

⑧ 長所，短所（性格についての自己評価）

⑨ 現在の状況

⑩ 現在興味や関心があること

将来（未来）

⑪ 将来の希望（どのようなことをしたいか）

⑫ 将来の社会（これからの日本はどうなるか，○○年後の日本はどうなっているか）

⑬ 自分が志望する学問についてどのようになっていると考えるか

　以上が代表的な質問事項ですが，これについて，一つ一つ個別に考えることは得策ではありません。むしろ，過去⇒現在⇒将来（未来）という流れについて整理した上で，自分の答えを考えるべきです。一度例に従い整理してみましょう。

（例）体育，スポーツ科学部志望

過去

> □□県で生まれ，□□県で育つ
>
> 小学校からサッカーを始める
>
> 中学校で県大会準優勝
>
> 高校で全国大会出場
>
> サッカーをずっと続けてきた

良かったこと(得たこと)

> サッカーを通じて，友人の大切さ(協調性)，自分の能力を自分で磨くことの必要性を痛感した
>
> 指導者に恵まれた
>
> 自分は大きなケガをすることがなかった。ケガの予防が重要だと思う

現在

> サッカーを大学でも続けたい。できればサッカー選手になりたいが，それができない場合指導者として，多くのことをサッカーを通じて子ども達に教えていきたい

長所

> 協調性がある。サッカーを通じて友情の大切さを学んできた

短所

> 人に気を遣いすぎることがある。高校時代部長としてサッカー部をまとめていかなければならなかったが，積極的に自分の意見を言えなかった。出しゃばりになることは良いことではないが，時として自分の意見を言うべき時ははっきり言うべきだと強く感じた

現在関心があること

> スポーツ選手の体調管理とメンタルヘルス。自分の選手経験から

将来（未来）

> サッカー選手か，指導者になりたい。指導者ならば，教員免許を取得して高校のサッカー部で指導したい
>
> スポーツは，予防医学的な面から重要だと思う。また，スポーツの専門家も重要だが，子ども達に基礎を十分に教えることができる指導者が今後，今以上に求められると思われる。
> また，今問題になっているいじめや登校拒否など教育に関わる問題も，スポーツ活動を通じて，その問題解決を図ることができると思われる

（例）外国語学部英語学科

過去

> ○○県で生まれ，△△県で育つ
>
> 小学校から英語を始める
>
> 中学校2年生で英検3級，3年生で準2級を取得
>
> 高校2年生で英検2級を取得。また，3年生の時，モームの『人間の絆』を読み，英文学に興味をもつ
>
> 中学，高校を通じてESSに所属し，スピーチコンテストにも入賞してきた。また，世界の高校生を集めた□□会議に△△県代表として参加し，英語を駆使してコミュニケーションを図った。その際，世界の様々な文化や習慣にふれる

良かったこと（得たこと）

> 英語を通じて，積極性が身に付いたと思う

現在

英語学科に進学して，自分の英語力に磨きをかけたい。また，モームのような文学にもふれたい。座学だけではなく，できれば英米の大学に留学したい

長所

積極性がある。自分でコンテストに応募して，全国大会で入賞したことがある

短所

好きなことには，一生懸命になるが，興味や関心がないことは避ける嫌いがある。将来は，できれば国際的な仕事に就きたいので幅広い知識が求められると思われる。だから，自分のアンテナを広げて，多くのことに興味を持ち広い視野で物事が見られるようにしたい

現在関心があること

世界の政治，経済の中心がアメリカからEUになりつつあること。歴史上対立することが多かった大陸続きのEU諸国がこれほど発展していることに関心がある

将来（未来）

将来は，国際的な機関で働きたい。そのためには，○○大学で，副専攻として国際関係論を学びたい。特に，○○先生の『××』という本を読み，新興国の台頭が，国際情勢の様々な分野で大きな影響を与えていることを知り，非常に関心をもった。
英語学科というと，英語だけを学ぶと思われがちだが，英語という手段を通じて，国際関係や国際交流に貢献できると考える。是非，自分も国と国との架け橋になれればと考えている

このように，過去⇒現在⇒未来が矛盾なく，説明できれば面接の答えを考えることは容易です。では，みなさんは，自分の過去⇒現在⇒未来について整理してみましょう。

(例)(　　　　　　　　　)学部志望

過去

現在

長所

短所

現在関心があること

将来（未来）

Q3 面接試験の答えを考えるにはどうすればよいでしょうか

　面接試験は，試験官がみなさんに質問するのですが，それは一問一答ではありません。「本学の志望理由は何ですか」，「はい。〜です」，「なぜ，本学部を志望したのですか」。「はい。〜です」，「長所は何ですか」……，というようなやりとりはまず行われません。例えば，次のようなやりとり(試験官2名，受験生1名に個人面接)が行われます。

　　試験官①　「本学の志望理由を述べてください」
　　受　験　生　「はい。私は将来〇〇県で中学校の数学の教師になりたいと考えています。貴学は，〇〇県の教員養成で中心的な大学だと説明会で説明を受けました。また，貴学数学科の□□先生の本を読ませていただき，是非□□先生のご指導を受けたいと思い，志望させていただきました。」

　　試験官①　「説明会に出たんだ。説明会はどうだったかな」
　　受　験　生　「はい。中学校時代の恩師が貴学出身で，貴学が〇〇県の教員養成を担っていると聞いていました。しかし，説明会でより詳しく説明をしていただき，是非貴学に入学したいという気持ちになりました。」

　　試験官②　「なるほどね。□□先生の本は何を読んだのかな」

　というように，つながりのないことを質問されるのではなく，最初に質問されたことについて詳しく質問されることが多いのです。この詳しい質問のことを「閉じられた質問」といいますが，みなさんは，閉じられた質問に対して十分に答えられるようにしなければなりません。特に，繰り返し言いますが，志望理由や将来の希望，今までの活動といった，自分に対する基本的な事柄については，閉じられた質問を想定した答えまで考えるべきです。
　また，第1章で，出願書類で志望理由など自分に関する事柄が問われている場合，それに対する閉じられた質問をされることは覚悟するべきです。だからこそ，第1章でも述べましたが，出願書類は十分に考えた上で作成するべきなのです。特に，書かなければならない字数が少ない場合，面接で詳しく質問される可能性

が高いのです。
　では，第1章16ページの志望理由書から，段落ごとに閉じられた質問を考えてみましょう。

《第1段落》

> 　私は，自分の入院経験が契機になり，看護学を学びたく，貴学部を志望させていただきました。私は，中学校時代，バスケットボール部に所属していました。中学校2年生の時，放課後の練習でアキレス腱を断裂させてしまい，入院生活を余儀なくされました。初めての入院生活で不安でした。また，バスケットボールだけではなく大好きな運動ができなくなる，歩けなくなるのではないか，と不安な気持ちに駆られました。

　この第1段落では，「ケガの後遺症はないの？」という質問が考えられます。質問されたら，正直に答えるようにしてください。

《第2段落》

> 　しかし，入院中私の話を一生懸命聞いてくれて，ナースコールを鳴らしても嫌な顔一つすることがなかった看護師さんのおかげで，不安な気持ちがなくなり，安心して療養生活を送ることができました。この入院経験が私が看護師を目指すことになった契機です。

　この第2段落では，「入院経験以外で看護師を志望する理由を挙げてください」，「入院生活で他に何か感じたことがありませんか」という質問が想定されます。
　前者は，看護一日体験に参加した，ボランティア活動に参加した，看護師が書いた本を読んだ，など様々な答えが考えられますが，再び閉じられた質問がされる可能性があります。「看護体験はどうだった」，「どんなボランティア活動に参加して，何か得たものがありますか」，「本の内容について説明してください」，「その本のどのような点に感動しましたか」などです。
　前者の質問では，自分で決めた，自分で読んだ，ということについて先生に理解していただけるようにしてください。「人から勧められて」というのでは，積極性がないと誤解されてしまうかもしれません。
　後者については，自分で得たこと，自分は不快だったので看護師になったとき，改善したいという点を述べればよいと思います。例えば，「同室になった患者さんから教えていただいたこと」，「病院は，ばたばたしていて，うるさいと思うこ

とがあったので，患者さんが静かに生活できるように努めたい」ということです。ただ，文句や不満を言い放しにするのではなく，不快なことでも，そのことから学ぶことができた，という点をアピールしてください。

《第3段落》

> 私も入院した時にお世話になった看護師さんのように患者さんの話をよく聞いて，患者さんの不安な気持ちに共感できるような看護師になりたい。できるだけ患者さんの側にいて，患者さんの不安な気持ちを取り除いていきたいと思います。また，看護師には，そのような患者さんを思う気持ちと共に，正確な技術や知識が要求されます。

この段落では，「他人の気持ちに共感することは難しいと思いますが，このことについてどのように考えますか？」など難しい質問がされる可能性があります。この質問に対しては，例えば「はい。たしかに他人のことを完全に理解したり，共感することはできないと思います。しかし，他人の気持ちを理解したり，共感しようとすることはできると思います。私自身，看護師の方だけではなく，友人や両親，先生など多くの方に支えられてきました。ですから，私も看護師になれましたら，患者さんの側で患者さんの気持ちを理解，共感できるように努力していきたいと思います。」という答えが考えられます。

《第4段落》

> 信頼される看護師になるために自分の人間性を磨くとともに生涯努力を欠かすことはできないと考えています。自分の夢が実現できるように貴学入学後も一生懸命努力する覚悟です。何とぞよろしくお願いいたします。

この段落では，「今までずっと続けてきたことがありますか。」，「入学後，具体的にどのようなことがしたいですか。」ということです。試験官からすると，何かを継続して続けることができていれば，入学後，卒業後も絶え間なく努力を続けることができると考えられるからです。ですから，最低，3年以上(中学や高校の在籍年数)一つの活動をしてきたことを述べてください。また，そのような活動から得たこと，学んだこともさらなる閉じられた質問で聞かれる可能性があります。

後者の質問ですが，自分を高めることを行いたいとアピールしてください。もちろん，勉強は当たり前ですが，その他としてボランティア，サークルなどの活

動を通じて，多くの人とふれあいたい，でも良いでしょう。また，今まで続けてきたこと（華道など趣味的なことでも良い）を続けたいということでも良いと思います。ただし，これについても，「そのことがどのような点で自分を高めることにつながるか」と閉じられた質問がされる可能性があります。

以上は，志望理由書をもとにした質問ですが，志望理由書の提出が求められていない場合でも，閉じられた質問がされる可能性を考えて答えを準備する必要があります。第2章の小論文と同じようなメモを作成して欲しいのですが，Q_2で作成した過去⇒現在⇒未来という流れと矛盾する答えを作成しないでください。

また，Q_4でも説明しますが，できれば30秒ぐらいで答えられるようにしてください。一言，二言の答えは問題外なのですが，話が長くなると先生は聞いてくれません。

さらに，これもQ_4で説明しますが，具体的な答えを述べてください。第2章の小論文でも述べましたが，具体的とは，誰が聞いても「わかる」という，わかりやすさのことです。ですから，話を一つに絞る，例（簡単な）を述べる，ということを忘れないでください。繰り返しますが，面接でも小論文でも具体性ということが非常に重視されます。

最近も「説明責任」ということが良く言われますが，みなさんが様々な分野に進んだとき，多くの人に自分の専門分野について十分に説明することが求められるからです。みなさんも今まで様々な先生から指導を受けてきたと思いますが，いわゆる「良かった先生」というのは，話がわかりやすかったという先生ではないでしょうか。逆に，何を言いたいのかわからない先生に対してはいらいらしたのではないでしょうか。

みなさんも「わかりやすい」答えを目指してください。それでは，まずQ_2で述べた代表的な質問についてアドバイスを参考にして空欄に記入してみましょう。

過去に関する質問事項

出身地について

> **アドバイス**　生まれと育ちについて。育った場所については、どのような特色があるか説明できるように。

出身高校について

> **アドバイス**　パンフレットに書いてあるようなことは言わない。高校の特色を述べた場合、それがどのようなもので、自分にどのような影響を与えたのか。例えば、「自由と責任」が校訓ならば、先生が何かをしなさいと指示されなくても、学習、部活動、生徒会活動が円滑に進んだ。なぜなら、自由に何かをさせていただくということは、自分たちで責任を持って勧めていかなければならないからだ。人から言われて何かをする「指示待ち人間」ではなく、何でも自ら進んでできるようになりました。

高校時代の成績について（得意，不得意科目）

> **アドバイス**　得意教科だと言える理由を説明できるように。つまり，その教科が得意になった契機を説明できるようにすること。また，その教科のどのようなところが好きか。不得意教科の理由についても説明できるように。なお，不得意教科については，それを得意教科にするように努力している点をアピールしてください。

今までの活動について（部活動，生徒会活動，地域の活動，ボランティア活動など）

> **アドバイス**　調査書と矛盾しないように確認すること。なお，活動については，それがどのような活動で，その活動から自分が何を得たのかについて説明できるようにすること。

今まで自分でずっと行ってきたことについて（趣味，特技，スポーツ，芸術など）

> **アドバイス**　自分にとってそれがどのような点でプラスになっているか，なぜそれを続けることができたのかなどについて説明できるように。

現在に関する質問事項

志望理由（大学，学部）

> **アドバイス**　第1章でも説明しましたが，具体的に述べてください。また，できるだけ一つに絞ること。もし，多くの理由があるならば，「様々な理由があるのですが，中でも〜」というように自分の意見をまとめると良いでしょう。

自己アピール

> **アドバイス**　どうでもよいことを言わない。自分の長所と短所から考える。あくまでも具体的に述べること。なお，1分以内など時間制限がある場合，それを厳守すること。

長所，短所（性格についての自己評価）

> **アドバイス**　それぞれ具体例を挙げながら説明できるように。なお，短所については「自分で気をつけている」などのフォローを忘れずに。

現在の状況

> **アドバイス** 現役の高校生で自宅通学の受験生は聞かれることがないかもしれません。しかし，寮生活や下宿生活など親元を離れている受験生は質問されるかもしれません。「親元を離れて親のありがたさがわかった」など今の生活から得たことを述べられるようにしましょう。また，高卒生の受験生は現在の生活状況を具体的に述べられるようにしましょう。

現在興味や関心があること

> **アドバイス** なぜ，それについて興味や関心があるのかについて具体的に説明できるように。なお，医学部を受験するから医学，教育学部を受験するから教育，というように志望学部と無理に結びつける必要はない。

将来(未来)に関する質問事項

卒業後どのような方面に進みたいか

> **アドバイス**　まだ入学もしていない段階で答えるのは難しいかもしれない。あくまでも現段階の希望で構わない。なぜ，そのような方面に進みたいか，具体的にどのようことをしたいか，について説明できるようにしましょう。

将来の社会(これからの日本はどうなるか，○○年後の日本はどうなっているか，○○という分野はどうなっていると思うか)

> **アドバイス**　例えば，看護学部を受験する場合，「さらに高齢者が増加することになると思いますが，高齢者が今より多い社会はどうなるか」という質問がされる可能性があります。未来予想は，専門家でも的中させることはできないので，自分が考えていることを具体的に述べて欲しい。特に，将来起こるであろう問題点については，その対策も含めて述べるとよいでしょう。

自分が志望する学問についてどのようになっていると考えるか

> **アドバイス** 例えば，教育学部を受験した場合，「今後さらに少子化が進むと思われますが，少子化になった場合，教育ではどのような問題が起こるでしょうか」というように長期的，短期的に問題になるであろうと予想されることについて質問される可能性があります。自分が志望する学問について具体的に問題になるであろう点を整理した上で自分の考えをまとめておいてください。

　いずれにしても，個人に関する質問事項は，閉じられた質問が予想されるので，具体的な答えを用意して欲しい。

　社会的な事柄について質問される場合があります。みなさんも感じていると思いますが，次から次へと社会的な関心事が出てきますよね。昨年起こったことが，5，6年前のように感じるのではないでしょうか。ですから，まず現在話題になっていることについては，何が，どのように話題になっているかを押さえる必要があります。特に，自分の志望に関係がある話題については要注意です。例えば，体育系の学部に進学したい人は，オリンピックなど世界的なスポーツ大会，教育学部に進学したい人は教育問題です。

　新聞，テレビ，ラジオ，インターネット，雑誌などみなさんが情報を入手する手段は多数あります。中でもお勧めしたいのが，新聞やテレビの特集です。新聞というと朝日新聞の天声人語に代表されるコラム，社説が受験生が読むべきものとしてあげられますが，それだけではなく，是非，特集記事にも目を通してください。また，テレビではニュースが放送されますが，次から次に放送されるニュースではなく，一つの話題を掘り下げてつくられた特集を見て欲しいのです。

　ただし，面接試験は，知識を尋ねているのではありません。その話題について，みなさんがどのように考えているかを尋ねているのです。様々な評論家や専門家が話題について私見を述べますが，あくまでも参考にしてください。それは，あなたの考えではないのですから。

Q4 面接試験で試験官を納得させるにはどうしたらよいでしょうか

　面接試験というと自分をアピールすることが大切だと言われています。たしかに，試験官は，みなさんがどのような人か知りたいわけですから，自己主張はするべきです。しかし，試験である以上，試験官の質問に対して的確に答えなければなりません。ただ，何となく試験官の質問に対して答えるのではなく，試験官が聞きたいと思われることを予測して答えるべきです。

　もし，質問されたことが理解できない場合，「申し訳ございませんが，質問の意味がよくわからないので，もう一度説明してください」とお願いした方が良いのです。これは，日常のコミュニケーションでも言えることですが，みなさんの周りに自分勝手なことばかり述べて，「あの人とは話をしたくない」と思う人はいませんか。大学に入学して，コミュニケーション能力が不足すれば，学習面だけではなく，対人関係など生活面でも不利です。

　ですから，他人の話を良く聞き，これを話しても良いかどうかを考えた上で，話をすることが重要なのです。まず，面接では，このようなコミュニケーション能力が問われることになるでしょう。

　他に，前に述べたことを繰り返すことになりますが，もう一度確認しましょう。

① 話は絞る。主張したいことは一つにする。

② 制限時間がない場合，1分以上話さない。

③ 自分だけわかるようなことを言わない。誰にでもわかる例をあげるなどして，可能な限りわかりやすい話をする。

④ 論理的に話をする。つまり，理由⇒⇒⇒主張（〜から〜である）という述べ方をする。

　「あれ，小論文と同じじゃない」と思うかもしれません。実は，小論文は書く，面接は述べる，という違いはありますが，他人を説得する，つまり自分の言葉で他人に自分の考えを理解してもらうという点では，共通しているのです。

　もちろん，小論文と同様に面接でも正解など存在しません。正解がないというと不安かもしれません。しかし，想定される質問に対して，閉じられた質問も含

めて，以上のことに留意して答えを考えておくことはできるはずです。
　十分な準備が面接では求められるということを覚悟してください。

メモ

Q5 圧迫面接が行われると聞きましたが

　圧迫面接という言葉を聞いたことがありますか？これは，受験生を驚かせるような質問をして，受験生の反応をみたり，考えを問う面接のことを言います。例えば，医学部の面接で「君は医師に向いていないのではないか」というような質問です。この場合，「はい。自分は医師に向いていないと思います。」と答える受験生はいないでしょう。

　この場合，「いいえ。先生にそのように思われることは残念です。私は，高校三年間野球部でチームプレイの大切さを身につけてきました。このチームプレイの精神は，きっとチーム医療に生かせると思います。入学後も患者さんから頼られる医師になるように努力しますので，よろしくお願いいたします。」と答えたらどうでしょうか。

　この時，感情的になったり（「何でそんな質問するんですか」など），何も答えられなければ，試験官は低い評価しかしないでしょう。圧迫面接では，冷静に自分の考えをはっきりと述べるべきです。

　圧迫面接で考えられる質問を列挙します。

　　「あなたは，〜に向いていないのではないか」

　　「他の大学を受験しても良かったのではないか」

　　「君には，他の学部の方が向いていると思うよ」

　　「自分では〜だと言っているが，そうとは思えないな」

　　「言っていることがよくわからないよ」

　以上のように，もし本番の試験で言われたらパニックになってしまいますね。もちろん，先生が納得できるように言えば，圧迫面接をされる可能性は低いのですが，次のように思うことがあるかもしれません。

　　「自分では，ちゃんと言っているのになんて厳しい質問をするのだろう」

先生が意地悪だからというのではなく，圧迫面接をされる受験生は合格の可能性が高いから，多少厳しい質問をされることが多いようです。ですから，圧迫面接をされても落ち込まないで，「自分は試されているのだ」とポジティブ・シンキングでいてください。

　ただし，最近はアカデミックハラスメントやセクシャルハラスメントが言われていますので，あまりに厳しい質問はされることはないと言えます。その点は安心してください。

メモ

Q6 面接が集団討論になったらどうしたらよいでしょうか

　集団討論を課す大学は多くありません。集団討論面接の目的は二つに分けられます。一つは，協調性をみる場合，もう一つは積極性をみる場合です。どちらのことが多いかは，大学側が公表する場合が多いので問い合わせてみると良いでしょう。なお，前者は医学・医療系，後者は法学部など文系の学部で多いようです。

　前者では，発言回数の多さよりも，他の人の意見を十分に踏まえた上で，自分の考えを述べることが求められます。つまり，勝手な考えを述べてはいけません。ですから，話の流れに沿った意見が高く評価されます。

　後者では，他の人の考えに対して，明確に自分の考えを述べることが求められます。いわゆるディベートがこれに該当しますが，討論で一緒になった人の意見に対して，反対意見を述べることが求められる場合があります。後者の場合，発言回数の多い方が好ましいと思われます。

　ただし，両者とも話の流れを無視して，自分の考えだけを述べることは好ましくありません。討論をしている時に，何が問題になっているのか，常に頭に入れておかなければなりません。また，討論をしていますと，話が途切れてしまう場合があります。この時，「今まで〜のような意見が多く出てきたのですが，〜ということについて話しませんか」というように話の流れをつくることができれば，評価されることになるでしょう。

　ところで，討論では，司会を求められる場合，司会を試験官が行う場合，特に司会をもうけない，つまりフリートーキングの場合に分けることができます。試験官の先生から司会をしなさいと言われれば，それに従うべきですが，立候補を求められた場合，応じない方が無難だと思います。なぜなら，司会というのは非常に難しいのです。

　司会者には，次のような役割が求められます。

① 話の流れをつくらなければならない。

② 議論をまとめなければならない。

③ 自分の考えを基本的に（話が途切れて話題がなくなってしまった場合は別）述べてはならない。

④　常に誰が発言するか，注意しなければならない。

　特に，「議論をまとめなければならない」というのは，たいへんなことです。試験でなくても人をまとめていくというのはたいへんですよね。緊張が強いられる試験ならば，なおさらです。上記の司会者の役割について，「自分はできる」という覚悟がある人は別ですが，私としてはお勧めできません。

　集団討論では発言者以外の態度も評価されることがあります。つまり，「聞く態度」ですが，必ず発言者の方を見て，自分は討論に参加しているという姿勢を試験官に示してください。

Q7 他に面接試験で注意することはありますか

　出入りを確認します。入試に限らず，誰かと会う場合，第一印象は非常に大切です。面接でも礼儀正しさが求められることは言うまでもありません。

入室の前にノックをする

⇩

「どうぞ」といわれたら，静かにドアを開け，静かにドアを閉める

⇩

閉め終わったら「失礼します」と試験官に挨拶する⇒試験官の方に向かう

⇩

先生の指示を待つ

⇩

ここで「受験番号と名前を言いなさい」といわれたら，「はい。受験番号○○番，△△です。よろしくお願いいたします」と述べ，会釈をする

⇩

「着席してください」と言われれば，「はい，失礼します」の述べた上で，椅子を引いて着席する

　本番の試験では，上記のような状況とは異なる場合もありますので，試験官の指示に従ってください。なお，過去に受験した先輩がいれば，面接の状況や雰囲気について聞いてみると良いでしょう。

　Q_6 でも述べましたが，人の話を聞いているという姿勢が求められます。ですから，以下のことを確認してください。

① 必ず，話をしている人の顔を見る（目を見る）。

② 質問されたならば，返事をする。（「はい」，「いいえ」）

③ 怒鳴る必要はないが，大きな声ではっきりと話す。

④ 人が話をしているとき，うなずくなど反応する。

⑤　姿勢を正す。男子は，親指を手のひらの中に入れて，軽くグーをつくる。女子は聴き手でない方を重ねて手をそろえる。男子も女子も肩の力を抜いて，リラックスする。（実際は，かなり緊張するので難しいかもしれないが，リラックスを心がける）
　　　落ち着きがないと思われる可能性があるから，ジェスチャー（身ぶりや手ぶり）はしない。

　面接終了後の態度も重要です。なぜなら，面接終了後評価をするわけで，「あ〜面接が終わった」と気を抜いて，失礼な態度を取ってはいけません。例えば，このようにしてください。

　　　　　　　　　　　　「退出してください」
　　　　　　　　　　　　　　　⇓
立ち上がり，椅子を元の位置に戻した上で，「どうも，ありがとうございました」と述べ，会釈をする。ドアに向かう
　　　　　　　　　　　　　　　⇓
　　　ドアの前で，試験官に向かい，「失礼します」と述べ，会釈をする
　　　　　　　　　　　　　　　⇓
　　　　　　　静かにドアを開け，静かに閉める
　　　　　　　　　　　　　　　⇓
面接会場から速やかに離れる（どのような評価がされているか，気にはなりますが）

　会釈の仕方ですが，一つアドバイスします。「1，2，3」のタイミングで会釈をすると良いでしょう。つまり，1で，自分のへそを見て，2で止めます，3で頭を上げます。このタイミングですときれいに会釈できます。

　さて，服装ですが，制服があれば制服を着用してください。ない場合，男子はシャツにスラックス，女子はブラウスにスカートが好ましいでしょう。髪型は，見苦しくないもの（床屋さんや美容院の方に相談してください）で。ピアスや指輪などアクセサリーは外してください。ファッションの自己主張は試験終了後にしましょう。

おわりに

　本書を一読するだけではなく，二，三回読んでください。その上で，収集した情報を基に対策を立ててください。本番では，万全の状態で望みましょう。本番前日に，「自分はここまでやった」と思えれば，不安ではなくなります。そして，合格できます。受験はみなさんに与えられた試練ですが，ぜひこれを乗り越えてください。

　　　　頑張れ！

　　　　　　　　　　　　　　　　　　　　　　著者（北海道に向かう洋上にて）

《著者紹介》
大野 茂（おおの　しげる）　昭和40年（1965年）東京で生まれ，千葉で育つ．東京大学大学院医学系研究科修了．大学院時代の専門は，社会医学で，主に高齢者医療や医療倫理について研究していた．大学，専門学校などで医学，医療，看護，福祉職を目指す学生の指導にあたってきた一方で，予備校で医学，医療，看護，福祉分野を目指す受験生の小論文や面接を指導している．現在，@will 小論文講師．
著書：『5週間入試突破問題集　頻出現代文重要事項』，『センター突破!!　短期七回完成現代文』『入試突破!!　医系実戦トリプルチェック──英語・小論文・面接』『入試突破!!　医系小論文』『入試突破!!　看護・医療系小論文（作文）・面接』『入試突破!!　医系小論文・面接ハンドブックQ&A』『入試突破!!　看護・医療・福祉系小論文・面接Q&A』（以上開拓社刊）『小論文合格答案作成マニュアル』『小論文重要テーマ集』『大野のメディカル小論文・面接』『クローズアップ　小論文』（以上學燈社刊）
雑誌他：『受験の国語学燈』，『全国大学国語入試問題詳解』（以上學燈社刊）

α plus

入試突破!!
推薦・AO入試対策
出願書類・小論文・面接
ハンドブックQ & A

著　者	大野　茂	発行所	株式会社　開拓社
発行者	株式会社　開拓社	113-0023　東京都文京区向丘1の5の2
	代表者　武村哲司		電話　(03)5842-8900(代表)
印刷所	日之出印刷株式会社		振替　00160-8-39587

Ⓒ2008　Shigeru Ohno　ISBN978-4-7589-3537-1　C7381

カバーデザイン　中村志保子